Max Lucado
Du bist der Anker meiner Seele

Über den Autor

Max Lucado war langjähriger Pastor der *Oak Hills Church* in San Antonio, Texas. Er ist verheiratet, Vater von drei Töchtern und Verfasser vieler Bücher. Die Zeitschrift *Christianity Today* zählt ihn zu den bekanntesten christlichen Autoren Amerikas. Zu seinen Bestsellern gehören u. a. „Leben ohne Angst", „Du schaffst das", „Leichter durchs Leben" und „Wie man Riesen besiegt".

MAX LUCADO

Du bist der
ANKER
meiner Seele

Warum wir Gottes Verheißungen
in den Stürmen des Lebens vertrauen können

Aus dem Englischen von Elke Wiemer

Für Mikal und Tammy Watts.
Wenn wir eure Liebe und eure Großzügigkeit sehen,
erinnert uns das an Jesus.
Wir danken Gott für euren unerschütterlichen Glauben
und eure Freundschaft.

Inhalt

Kapitel 1: Das Größte und Wertvollste überhaupt:
Gottes Verheißungen 11
Kapitel 2: Erschaffen als Gottes Ebenbild 29
Kapitel 3: Die Tage des Teufels sind gezählt 39
Kapitel 4: Ein Erbe Gottes 53
Kapitel 5: Ihre Gebete haben Kraft 69
Kapitel 6: Gnade für die Demütigen 83
Kapitel 7: Gott versteht Sie 99
Kapitel 8: Jesus betet für Sie 113
Kapitel 9: Keine Verurteilung mehr 125
Kapitel 10: Das geborgte Grab 141
Kapitel 11: Bald jubeln wir wieder vor Freude 157
Kapitel 12: Sie werden neue Kraft bekommen 173
Kapitel 13: Die Gerechtigkeit wird siegen 191
Kapitel 14: Unverwüstliche Verheißungen,
unerschütterliche Hoffnung 207

Fragen zur Vertiefung 224
Danksagung 280

Quellenverzeichnis 282

*Abraham zweifelte nicht und vertraute auf die Zusage Gottes.
Ja, sein Glaube wuchs sogar noch.*
Römer 4,20 (NL)

················· Kapitel 1 ·················

Das Größte und Wertvollste überhaupt: Gottes Verheißungen

Durch sie hat er [Jesus Christus] uns das Größte und Wertvollste überhaupt geschenkt: Er hat euch zugesagt, dass ihr an seinem ewigen Wesen und Leben Anteil habt.
2. Petrus 1,4

Der Gegensatz zwischen dem Rabbi und dem König hätte kaum krasser sein können. Der Jude war alt und ging gebeugt. Er war körperlich im Nachteil. Die zwei Jahre im Gefängnis hatten ihn ausgelaugt, seine Wangen waren eingefallen, sein Gesicht war schmutzig. In seinem Geldbeutel waren nur noch einige Münzen und nur ein paar Freunde gehörten zu seinem Gefolge. Eine Glatze zierte sein Haupt. Sein Bart war dicht, aber ergraut. Er trug das einfache Gewand eines Lehrers, eines Wanderpredigers. Verglichen mit dem König war er ein einfacher, ärmlicher Mann. Nun, verglichen mit diesem König waren natürlich die meisten einfache, ärmliche Menschen. Als König Agrippa an jenem Tag den Gerichtssaal betrat, war er sehr prunkvoll gekleidet. Er und seine Schwester trugen purpurne Königsgewänder und wurden von römischen Legionären bewacht. Agrippa war der offizielle Herrscher. Er war der Hüter der Religion und der Aufseher über die Region.

Paulus dagegen war ein einfacher Missionar. Er hatte allen Grund, das Urteil dieses Monarchen zu fürchten. Der König war das gegenwärtige Oberhaupt der Herodes-Dynastie, der letzte Herrscher dieses Geschlechts, der mit Jesus und seinen Nachfolgern zu tun haben würde. Sein Urgroßvater hatte versucht, Jesus aus dem Weg zu räumen, indem er in Bethlehem alle kleinen Jungen ermorden ließ. Sein Großonkel hatte Johannes den Täufer umbringen lassen, und sein Vater, Agrippa I, hatte Jakobus hinrichten lassen und Petrus ins Gefängnis gesteckt.

Man könnte sagen, sie hatten es auf Jesus und seine Freunde abgesehen.

Und jetzt stand Paulus vor ihm. Er war seit Jahren eingekerkert, weil er eine neue Botschaft predigte. Wie würde der Apostel sich wohl verteidigen? Würde er um Gnade flehen? Auf ein Wunder hoffen? Welche Argumente würde Paulus in der zweifellos wichtigsten Rede seines Lebens anführen? Nach einer kurzen Einleitung sagte er: „Heute stehe ich nur deshalb vor Gericht, weil ich an die Zusage glaube, die Gott unseren Vorfahren gab" (Apostelgeschichte 26,6).

In seiner Verteidigungsrede erwähnte Paulus keine seiner Errungenschaften. („Ich bin bekannt dafür, dass ich einen Toten zum Leben erweckt habe.") Er verlangte keine Sonderbehandlung. („Ich bin schließlich römischer Staatsbürger.") Er versuchte nicht, sein Handeln zu rechtfertigen. („Ich wollte nur offen sein für Neues.") Nichts von alledem. Seine einzige Rechtfertigung war: „Ich glaube an die Zusagen Gottes."

Das Gleiche taten auch Abraham, Isaak und Jakob. Man könnte auch noch Noah, Maria, einen Propheten namens Jesaja und einen Prediger namens Petrus hinzufügen.

Die Helden der Bibel kamen aus allen möglichen Gesellschaftsschichten: Es waren Herrscher und Diener, Lehrer und Ärzte darunter. Sie waren Männer, Frauen, ledig oder verheiratet. Aber eines hatten sie alle gemeinsam: Sie bauten ihr gesamtes Leben auf die Verheißungen Gottes auf. Weil Gott ihm ein Versprechen gegeben hatte, glaubte Noah, dass es regnen würde, noch bevor es überhaupt ein Wort für Regen gab. Weil Gott ihm ein Versprechen gegeben hatte, verließ Abraham sein gutes Heimatland, um in eine Gegend zu ziehen, in der er noch nie gewesen war. Weil Gott ihm ein Versprechen gegeben hatte, führte Josua zwei Millionen Menschen in feindliches Gebiet. Weil Gott ihm ein Versprechen gegeben hatte, machte David einen Riesen platt, überwand Petrus sein Versagen, und Paulus entdeckte eine Gnade, für die er bereit war zu sterben.

Der Verfasser eines neutestamentlichen Buches bezeichnete diese Menschen sogar als „die Erben der Verheißung" (Hebräer 6,17; LÜ). Das ist gewissermaßen so, als seien Gottes Verheißungen das Familienvermögen, und Sie waren schlau genug, zur Testamentseröffnung zu kommen.

Auch Noah glaubte Gott und befolgte gehorsam seine Anweisungen. Er baute ein großes Schiff, obwohl weit und breit keine Gefahr zu sehen war. Deshalb wurde er mit seiner ganzen Familie gerettet.

Ebenso glaubte Abraham fest an Gott und hörte auf ihn. Als Gott ihm befahl, in ein Land zu ziehen, das ihm erst viel später gehören sollte, verließ er seine Heimat. Dabei wusste er überhaupt nicht, wohin er kommen würde.

Wie Isaak und Jakob, denen Gott dieselbe Zusage gab, wohnte er nur in Zelten.

Und Sara, Abrahams Frau, die eigentlich unfruchtbar war, glaubte unerschütterlich an Gottes Zusage, dass sie noch ein Kind bekommen würde. Sie wusste, dass Gott alle seine Zusagen einhält. Und tatsächlich wurde sie schwanger, obwohl sie dafür schon viel zu alt war. [...]

Abraham glaubte so unerschütterlich an Gott, dass er sogar bereit war, seinen einzigen Sohn Isaak zu opfern, als Gott ihn auf die Probe stellte. Hebräer 11,7–11.17

Die Liste geht noch etliche Verse weiter. Jakob vertraute Gottes Verheißungen. Josef vertraute Gottes Verheißungen. Mose vertraute Gottes Verheißungen. Jeder hatte eine andere Geschichte, aber der Grundtenor ist derselbe: Gottes Verheißungen waren der Polarstern auf ihrer Glaubensreise. Und sie hatten reichlich Zusagen zur Auswahl.

Ein Bibelschüler hat einmal eineinhalb Jahre damit zugebracht, die Versprechen zu zählen, die Gott uns Menschen macht. Er kam schließlich auf 7487![1] Gottes Verheißungen sind wie die Kiefern in den Rocky Mountains der Bibel: zahllos, unnachgiebig und beständig. Manche Verheißungen sind positive Zusagen, in denen er uns seinen Segen verspricht. Bei anderen handelt es sich um negative Versprechen in Form von Konsequenzen. Aber gleichgültig, worum es im Einzelnen geht: Sie sind verbindlich, denn Gott macht nicht nur Verheißungen, er hält sich auch daran.

Als Gott das Volk Israel darauf vorbereitete, neues Land in Besitz zu nehmen, gab er ihnen folgende Zusage:

Der Herr antwortete: „Ich verspreche dir: Ich werde noch einmal einen Bund mit euch schließen. Vor den Augen deines ganzen Volkes will ich Wunder vollbringen, wie sie bisher bei keinem Volk auf der Welt geschehen sind. Wenn die Israeliten sehen, was ich mit dir tue, werden sie große Ehrfurcht vor mir haben!" 2. Mose 34,10

Gott wies nicht darauf hin, wie stark die Israeliten waren. Er wies auf seine eigene Kraft hin. Er schmälerte nicht die Fähigkeiten des Volkes, sondern hob seine eigenen hervor. Er gab ihnen alles mit, was sie für die Reise brauchten – indem er ihnen deutlich machte, dass er nicht nur Zusagen machte, sondern diese auch einhalten würde.

Vom ersten Kapitel an wird in der Bibel betont, wie zuverlässig Gott ist. Neunmal heißt es dort „Gott sprach". Und jedes Mal, wenn Gott sprach, geschah etwas – ohne Ausnahme. Es geschah etwas Wunderbares. Durch den göttlichen Hauch entstanden Licht, Land, Strände und Lebewesen. Gott hatte keine Berater. Er brauchte keine Unterstützung. Er sprach und es geschah. Dem Leser bleibt nur eine Schlussfolgerung: Auf Gottes Wort ist Verlass. Was er sagt, geschieht.

Nur ein Wort sprach er, und der Himmel wurde geschaffen, Sonne, Mond und Sterne entstanden, als er es befahl. Er sammelte das Wasser des Meeres an einem Ort und speicherte die Ozeane in riesigen Becken. Die ganze Welt soll den Herrn fürchten, ja, alle Bewohner der Erde sollen ihn achten und ehren! Denn er sprach, und es geschah, er befahl, und schon war es da. Psalm 33,6–9

Als Gott sich räusperte, entstand das All. Es besteht also kein Zweifel daran, dass er Autorität besitzt und in der Lage ist, etwas Großes zu tun.

Die gleiche Macht sehen wir bei Jesus Christus. Ein römischer Offizier bat ihn einmal, seinen Diener zu heilen. Jesus war bereit, ihn nach Hause zu begleiten. Der Offizier lehnte ab mit den Worten:

„Herr, ich bin es nicht wert, dich in meinem Haus zu empfangen. Sag nur ein einziges Wort, dann wird mein Diener gesund. Auch

ich stehe unter höherem Befehl und habe andererseits Soldaten, die mir gehorchen. Wenn ich zu einem sage: ‚Geh!', dann geht er. Befehle ich einem anderen: ‚Komm!', dann kommt er. Und wenn ich zu meinem Diener sage: ‚Tu dies!', dann führt er meinen Auftrag aus."

Als Jesus das hörte, wunderte er sich sehr. Er sagte zu den Menschen, die ihm gefolgt waren: „Eins ist sicher: Unter allen Juden in Israel bin ich keinem Menschen mit einem so festen Glauben begegnet. [...]"

Dann sagte Jesus zu dem Hauptmann: „Geh wieder nach Hause! Was du geglaubt hast, soll nun geschehen." Zur selben Zeit wurde der Diener gesund. Matthäus 8,8–10.13

Warum lobte Jesus den Glauben dieses Hauptmanns? Weil der Mann glaubte, dass Jesus die Macht besaß, sein Wort zu halten. Diese Geschichte liefert uns Jesu Definition von Glauben: *Glaube ist die tiefe Überzeugung, dass Gott sein Wort halten wird.* Dieser Römer hatte die einfache Tatsache begriffen, dass Gott seine Versprechen nicht brechen wird – ja, nicht brechen *kann*. Wenn er mit einem Menschen oder einem Volk einen Bund geschlossen hat, ist dieser Bund unantastbar. Er ist nicht in Sand geschrieben, sondern in Granit gemeißelt. Was er sagt, geschieht.

Es *muss* geschehen! Seine Verheißungen sind unwiderruflich. Das liegt in seiner Person begründet:

- Er ist unveränderlich. Er weiß schon von Beginn an, was einmal geschehen und wie etwas ausgehen wird. Für ihn gibt es nichts Unvorhersehbares, nichts, das ihn überraschen würde. Er muss keine Kurskorrekturen

vornehmen. Er leidet auch nicht unter Stimmungsschwankungen und seine Laune ist auch nicht vom Wetter abhängig. „Er ... ändert sich nicht; niemals wechseln bei ihm Licht und Finsternis" (Jakobus 1,17).
- Er ist vertrauenswürdig. „Gott steht treu zu seinen Zusagen" (Hebräer 10,23; NL).
- Er ist stark. Er verspricht nicht mehr, als er halten kann. „Was Gott zusagt, das kann er auch tun" (Römer 4,21; GN).
- Er lügt nicht. „Und weil Gott niemals lügt, haben wir jetzt zwei Tatsachen, auf die wir uns felsenfest verlassen können" (Hebräer 6,18). Ein Stein schwimmt nicht. Ein Nilpferd kann nicht fliegen. Ein Schmetterling kann keinen Teller Spaghetti essen. Man kann nicht auf einer Wolke schlafen. Und Gott kann nicht lügen. Er übertreibt, manipuliert, schwindelt und schmeichelt auch nicht. Der Vers im Hebräerbrief sagt nicht, dass es *unwahrscheinlich* ist, dass Gott lügt. Nein, die Aussage ist ganz eindeutig: Es ist unmöglich, dass Gott so etwas tut! Die Bibel könnte es nicht klarer ausdrücken: „... und er kann nicht lügen" (Titus 1,2; NL). Er käme nicht einmal auf diese Idee.

Dieses Bild von Gott als dem, der seine Versprechen auf jeden Fall hält, erinnert mich an ein Erlebnis aus meiner Kindheit. Als ich etwa zwölf Jahre alt war, zog ich mit meinem Vater los, um neue Autoreifen zu kaufen. Mein Vater kam aus einer Kleinstadt und stammte aus einfacheren Verhältnissen. Er trug keine vornehme Kleidung und war nicht in Wohlstand aufgewachsen. Er war ein einfacher Mechaniker und arbeitete in der Ölindustrie, liebte seine Familie, zahlte seine Rechnungen und hielt sein Wort. Es beleidigte ihn zutiefst, wenn man an seiner Aufrichtigkeit zweifelte. Und das gilt auch für das, was an jenem Tag beim Reifenhändler geschah.

Wir suchten Reifen aus und warteten, während sie montiert wurden. Als wir bezahlen wollten, stand ich neben meinem Vater am Tresen, während er einen Scheck ausstellte. Der Verkäufer sah auf den Scheck und verlangte dann den Ausweis meines Vaters. Heutzutage ist das ganz normal, aber in den 1960er-Jahren fragte kaum ein Verkäufer nach einem Ausweis.

Mein Vater war verblüfft. „Sie glauben nicht, dass ich derjenige bin, dessen Name auf dem Scheck steht?"

Der Verkäufer wurde verlegen. „Wir machen das bei allen Kunden so."

„Glauben Sie, dass ich nicht ehrlich bin?"

„Darum geht es nicht, Sir."

„Wenn Sie denken, dass mein Wort nichts wert ist, können Sie die Reifen gleich wieder runtermachen."

Ich erinnere mich noch, dass eine Weile Schweigen herrschte, während der Verkäufer überlegte, was er tun sollte.

Wir fuhren mit den neuen Reifen nach Hause – und ich mit einer Lektion in Sachen Aufrichtigkeit. Gute Menschen meinen es ernst, wenn sie ihr Wort geben. Wie viel ernster meint es dann wohl ein guter Gott? Was die Bibel über Gottes Treue schreibt, gilt auch für uns: „Kein Versprechen des Herrn blieb unerfüllt – alles war eingetroffen!" (Josua 21,45).

Die Frage ist nicht, ob Gott seine Zusagen hält, sondern ob wir unser Leben darauf aufbauen.

Ich habe viele Macken und Fehler, unter anderem leide ich unter einem Zittern im linken Daumen. Er zittert schon seit etwa zehn Jahren. Es ist irgendwie, als hätte mein Daumen zu viel Koffein abbekommen. Wenn ich mit der linken Hand ein Glas Sprudel servieren sollte, würde ich alles verschütten. Aber da ich kein Linkshänder bin, stört es mich nicht. Ich nutze es sogar als Gesprächseinstieg. („Hallo, darf ich Ihnen meinen zitternden Daumen zeigen? Und was stimmt bei Ihnen nicht?")

Ich habe mich mittlerweile an dieses örtlich begrenzte Zittern gewöhnt. Aber anfangs war ich nicht so ruhig. Das Zittern erschütterte mich zutiefst. Ich dachte, dass etwas nicht in Ordnung sei. Mein Vater war am Lou-Gehrig-Syndrom gestorben und deshalb ging ich in Gedanken vom Schlimmsten aus. Das Ganze war deshalb so störend, weil ich meinen linken Daumen überall mit hinnehmen muss. Wenn ich mir die Haare kämme, ist der kleine Wackelpeter mit dabei. Wenn ich beim Golf die Hände um den Schläger lege, hält er einfach nicht still. Wenn ich in der Predigt meine linke Hand hebe, um etwas besonders zu betonen, macht mich dieser unbeständige Zeitgenosse unglaubwürdig.

Also machte ich einen Termin beim Neurologen und kam mit trockenem Mund und schweißnassen Händen in seine Sprechstunde. Er prüfte meine Blutwerte und untersuchte mich. Er ließ mich auf und ab gehen, balancieren und Teller auf dem Zeigefinger drehen. (War nur ein Scherz. Er hat mich nicht auf und ab gehen lassen.) Er klopfte mir mit seinem Gummihammer aufs Knie und stellte mir einige Fragen. Dann, nach einer unendlich langen Pause, sagte er: „Sie brauchen sich keine Sorgen zu machen."

„Sind Sie sicher?"

„Ganz sicher."

„Muss man das nicht behandeln?"

„Nein."

„Werde ich nicht irgendwann im Rollstuhl sitzen?"

„Soweit ich das sagen kann, nein."

„Ganz sicher?"

Dann tat er etwas sehr Bedeutungsvolles. „Ich verspreche es Ihnen", versicherte er mir. „Das Zittern in Ihrem Daumen ist nichts, worüber Sie sich Sorgen machen müssen."

Ich sprang von der Liege, bedankte mich und verließ die Praxis. Mir ging's gleich besser. Ich stieg ins Auto und machte mich auf den Nachhauseweg. Als ich an einer Ampel stand, sah ich auf meine linke Hand, die auf dem Lenkrad lag. Raten Sie mal, was mein Daumen tat. Genau. Er zitterte.

Zum ersten Mal, seit das Zittern angefangen hatte, stand ich vor der Entscheidung, mein Problem aus einer anderen Perspektive zu sehen. Ich konnte über das Problem nachdenken oder ich konnte mich an das Versprechen erinnern. Ich hatte die Wahl zwischen Sorge und Hoffnung. Ich entschied mich für die Hoffnung. So seltsam das auch klingen mag, aber ich weiß noch, dass ich zu meinem Daumen sagte: „Du bekommst nicht länger meine Aufmerksamkeit. Der Arzt hat mir versprochen, dass du harmlos bist." Seit jenem Augenblick denke ich jedes Mal, wenn der Daumen sich danebenbenimmt, an das Versprechen des Arztes.

Was „wackelt" in Ihrem Leben? Vielleicht Ihre Zukunft, Ihr Glaube, Ihre Familie oder Ihre Finanzen? Das Leben ist eben eine wacklige Angelegenheit.

Brauchen Sie eine Portion dieser unerschütterlichen Hoffnung?

Damit sind Sie nicht allein. Wir leben in einer Ära der Verzweiflung. In Amerika ist die Selbstmordrate seit 1999 um 24 Prozent gestiegen.[2] 24 Prozent! Wenn bei einer Krankheit ein so massiver Anstieg zu verzeichnen wäre, würden die Behörden dies als Epidemie einstufen! Wie lässt sich dieser Anstieg erklären? Wir haben den höchsten Bildungsstand in der Geschichte unseres Landes. Wir haben technische Hilfsmittel, von denen unsere Eltern nicht einmal zu träumen gewagt hätten. Uns steht eine Fülle an Unterhaltungs- und Freizeitangeboten zur Verfügung. Und trotzdem nehmen sich mehr Menschen als je zuvor das Leben. Wie kann das sein?

Unter anderem, weil viele Menschen an einem Mangel an Hoffnung sterben. Unsere Gesellschaft kehrt dem Glauben zunehmend den Rücken und entzieht ihr so gewissermaßen jede Hoffnung. Dieser Säkularismus reduziert das Leben auf die paar Jahrzehnte zwischen Wiege und Bahre. Viele Menschen glauben heute, dass dieses Leben alles ist, was sie je haben werden, und wenn wir mal ehrlich sind: So prickelnd ist unser Leben oft nicht.

Aber die Menschen, die sich auf Gottes Verheißungen verlassen, sind hier im Vorteil: Sie haben beschlossen, über Gottes Verheißungen nachzudenken, anderen davon zu erzählen und die Zusagen für sich in Anspruch zu nehmen. Sie sind wie Abraham, der „nicht um Gottes Verheißungen herumschlich und vorsichtig skeptische Fragen stellte. Er stürzte sich auf die Verheißung und ging noch stärker daraus hervor" (Römer 4,20; nach der engl. Übertragung *The Message*).

Solche Menschen betrachten das Leben durch die Brille von Gottes Verheißungen. Wenn Probleme auftauchen, kann man sie zu sich selbst sagen hören: „Gott hat aber gesagt …" Wenn sie mit schwierigen Situationen konfrontiert werden, sieht man, wie sie in der Bibel herumblättern: „Ich glaube, Gott hat etwas darüber gesagt." Wenn sie andere trösten, sagen sie gern: „Weißt du, was Gott dir hinsichtlich dieses Problems versprochen hat?"

Gottes Verheißungen sind ein Erste-Hilfe-Kasten voller Heilmittel. Genauso wie der Arzt uns Medikamente für unseren Körper verschreibt, hat Gott uns Verheißungen für unser Herz gegeben. Er gibt sie uns als Geschenk, von Freund zu Freund. „Die Freundschaft mit dem Herrn gebührt denen, die ihn ernst nehmen. Er lässt sie wissen, wozu sein Bund mit ihnen da ist" (Psalm 24,14; NL).

Für jedes Problem im Leben hat Gott uns eine Zusage gegeben. Machen Sie sich mit den Verheißungen Gottes so vertraut, dass Sie sich selbst ein Rezept ausstellen können.

- Heute habe ich Angst. Es wird Zeit, dass ich ein Flasche „Richter 6,12" öffne: „Der Herr steht dir bei." Ich nehme für mich in Anspruch, dass Gott an meiner Seite ist.
- Alles scheint außer Kontrolle geraten zu sein. Es ist Zeit für eine Dosis „Römer 8,28": „Wer Gott liebt, dem dient alles, was geschieht, zum Guten."
- Am Horizont ziehen dunkle Wolken auf. Was hat Jesus doch gleich gesagt? Ach ja: „In der Welt werdet ihr hart bedrängt, aber lasst euch nicht entmutigen: Ich habe diese Welt besiegt" (Johannes 16,33).

Nach 40 (!) Jahren im Dienst habe ich festgestellt, dass nichts mir so schnell wieder neue Hoffnung schenkt wie Gottes Verheißungen. In diesem Buch stehen einige meiner liebsten Zusagen. Viele dieser Verse sind zuverlässige Verheißungen, auf die ich im Laufe der Jahre immer wieder zurückgegriffen habe, um andere zu ermutigen. Und um mich selbst zu ermutigen. Wir brauchen diese Zusagen so dringend. Wir brauchen nicht noch mehr Meinungen und Eindrücke; wir brauchen die unerschütterlichen Verheißungen unseres allmächtigen Gottes, der uns über alles liebt. Er regiert die Welt nach diesen kostbaren Verheißungen.

Auf welchem Fundament steht Ihr Lebenshaus – steht es auf Ihren Lebensumständen oder auf den Zusagen, die Gott Ihnen gegeben hat?

Bei einer Gelegenheit erzählte Jesus ein Gleichnis von zwei Bauherren. Sie hatten ähnliches Material und ähnliche Pläne und verfolgten das gleiche Ziel: Jeder wollte ein Haus bauen. Aber einer von ihnen zog den billigen und leicht zugänglichen sandigen Boden vor. Der andere entschied sich für den teureren, aber stabileren Untergrund aus Fels.

Wer nun auf das hört, was ich gesagt habe, und danach handelt, der ist klug. Man kann ihn mit einem Mann vergleichen, der sein Haus auf felsigen Grund baut. Wenn ein Wolkenbruch niedergeht, das Hochwasser steigt und der Sturm am Haus rüttelt, wird es trotzdem nicht einstürzen, weil es auf Felsengrund gebaut ist. Wer sich meine Worte nur anhört, aber nicht danach lebt, der ist so unvernünftig wie einer, der sein Haus auf Sand baut. Denn wenn ein Wolkenbruch kommt, die Flüsse über ihre Ufer treten und der Sturm um das Haus tobt, wird es einstürzen; kein Stein wird auf dem anderen bleiben. Matthäus 7,24–27

Was unterscheidet den klugen Mann vom unvernünftigen? Beide hören Gottes Worte, aber nur der Kluge baut sein Haus darauf.

Wie stabil ist Ihr Lebensfundament? Ich frage mich ja, ob die moderne Fassung dieses Gleichnisses in etwa so lauten könnte:

Zwei Menschen wollten sich ein Haus bauen. Der Erste kaufte bei SSS-Schnellbau ein und baute mit Holz, das von Schuldgefühlen zerfressen war, verwendete Nägel, die vor Schmerz rosteten, und Beton, der vor lauter Sorgen ganz rissig war. Und da er mit Material von SSS-Schnellbau gebaut hatte, lebte er Tag für Tag mit Schuldgefühlen, Schmerz und Sorgen.

Die zweite Bauherrin verwendete andere Materialien. Sie kaufte diese bei Haus-mit-Hoffnung ein. Statt mit Schuldgefühlen, Schmerz und Sorgen zu bauen, standen ihr reichlich Verheißungen zur Verfügung – Gnade, Schutz und Sicherheit. Sie entschloss sich bewusst, ihr Leben mit den Materialien der Hoffnung zu bauen.

Welcher dieser beiden Menschen war klüger? Welcher führte ein glücklicheres Leben? Und was denken Sie – welchem sind Sie ähnlicher?

Übrigens baue ich auch auf das Fundament einer biblischen Verheißung, während ich diese Worte schreibe:

Denkt an den Regen und den Schnee! Sie fallen vom Himmel und bleiben nicht ohne Wirkung: Sie tränken die Erde und machen sie fruchtbar; alles sprießt und wächst. So bekommt der Bauer wieder Samen für die nächste Aussaat, und er hat genügend Brot zu essen. Genauso ist mein Wort: Es bleibt nicht ohne Wirkung, sondern erreicht, was ich will, und führt das aus, was ich ihm aufgetragen habe. Jesaja 55,10–11

Beachten Sie die Gewissheit, die in dieser Zusage mitschwingt: Gottes Wort „bleibt nicht ohne Wirkung, sondern erreicht, was ich will, und führt das aus, was ich ihm aufgetragen habe".

Stellen Sie sich einmal vor, dass Gottes Wort wie Regentropfen auf Ihr Leben fällt. Stellen Sie sich seine Verheißungen vor – ein warmer Frühlingsregen. Lassen Sie sie auf sich herabrieseln. Lassen Sie sie in sich eindringen. Ich vertraue darauf, dass Gottes Wort auch in Ihrem Leben wirkt. Werden Sie gemeinsam mit mir daran glauben?

Petrus schreibt, dass Gottes Verheißungen nicht nur großartig und wertvoll sind, sie sind „das Größte und Wertvollste überhaupt" (2. Petrus 1,4). Wer sie sich um den Hals legt, schmückt sich mit den schönsten Edelsteinen des Universums. Durch diese kostbaren Verheißungen haben wir Anteil am ewigen Wesen Gottes. Sie führen uns in eine neue Realität, eine heilige Umgebung. Sie sind Hinweisschilder, die uns aus dem giftigen Sumpf zur reinen Luft des Himmels führen sollen. Sie sind wie goldene Steine auf dem Weg zu Gottes Reich. Sie sind wie mächtige Felsblöcke, auf denen die Brücke steht, die von der Sünde zur Errettung führt. Verheißungen sind das, was die Bibel zusammenhält.

Der amerikanische Evangelist Dwight Moody fasste dies folgendermaßen in Worte:

Wenn ein Mann nur einen Monat von Gottes Verheißungen lebt, wird er nicht länger von seiner Armut sprechen. ... Wenn du von 1. Mose bis zur Offenbarung liest und all die Verheißungen siehst, die Gott Abraham, Isaak, Jakob, den Juden, den Heiden und seinem gesamten Volk weltweit gegeben hat; wenn du einen Monat von diesen kostbaren Verheißungen leben würdest, würdest du nicht länger ... darüber jammern, wie arm du bist, sondern dein Haupt voller Zuversicht erheben und allen davon erzählen, wie groß Gottes Gnade ist, weil du gar nicht anders könntest.[3]

Lassen Sie uns das sein, was wir sein sollen: die Erben der Verheißung. Haben Sie die folgende Erklärung griffbereit. Sprechen Sie sie laut aus. Füllen Sie Ihre Lungen mit Luft und Ihr Herz mit Hoffnung, und erzählen Sie allen, dass Sie fest auf Gottes Güte vertrauen.

Wir bauen unser Leben auf Gottes Verheißungen.
   Weil sein Wort ewig gilt, ist unsere Hoffnung unerschütterlich.
   Unser Lebenshaus steht nicht auf den Problemen oder dem Leid, die das Leben mit sich bringt.
   Unser Lebenshaus steht auf dem Größten und Wertvollsten überhaupt: Gottes Verheißungen.

······················· Kapitel 2 ·······················

Erschaffen als Gottes Ebenbild

*Jetzt wollen wir den Menschen machen,
unser Ebenbild, das uns ähnlich ist.*
1. Mose 1,26

Vor einiger Zeit wollte ich eine Videobotschaft für unsere Gemeinde aufnehmen. Wir engagierten ein Filmteam und fuhren zur Gedenkstätte von Alamo[4]. Dort bauten wir an einer Bank vor dem Gebäude unsere Ausrüstung auf und machten uns an die Arbeit.

Vier Mitarbeiter mit Scheinwerfern und Kameras waren für Bild und Ton zuständig. Ich saß auf der Bank und versuchte, meine Gedanken zu ordnen. Wir müssen sehr offiziell ausgesehen haben, denn Passanten blieben stehen und einige starrten uns an. *Wer ist der Typ? Was filmen die da?*

Eine Frau konnte ihre Neugier irgendwann nicht länger zügeln und rief mir von ihrem Standort hinter den Kameras zu: „Sind Sie jemand Wichtiges?"

Diese Frage hat sich vermutlich jeder Mensch auf dieser Erde schon mal gestellt. Natürlich nicht in Bezug auf den Rotschopf, der auf einer Parkbank sitzt, sondern in Bezug auf sich selbst.

Bin ich wichtig?

Man fühlt sich schnell klein und unbedeutend, wenn man in der Firma nur eine Nummer ist, wenn der Freund einen wie ein Stück Dreck behandelt, wenn der Ex einem alle Kraft raubt oder das Alter einem die Würde nimmt. Jemand Wichtiges? Wohl kaum.

Wenn Sie gerade mit dieser Frage ringen, dann denken Sie doch einmal an die folgende Verheißung von Gott: Sie wurden von Gott nach seinem Ebenbild erschaffen und zu seiner Ehre.

Dann sagte Gott: "Jetzt wollen wir den Menschen machen, unser Ebenbild, das uns ähnlich ist. Er soll über die ganze Erde verfügen: über die Tiere im Meer, am Himmel und auf der Erde."
1. Mose 1,26

In diesen Worten steckt die wunderbarste Zusage überhaupt: Gott hat uns erschaffen, damit wir sein Ebenbild sind.

Er hat uns so erschaffen, dass wir ihm ähnlicher sind als alles andere, das er erschaffen hat. Er hat nie gesagt: „Lasst uns Meere machen als unser Ebenbild" oder „Vögel als unser Ebenbild". Der Himmel spiegelt Gottes Herrlichkeit wider, aber er wurde nicht als Ebenbild Gottes erschaffen. Wir hingegen schon.

Eines will ich klarstellen: Niemand ist Gott – außer in seiner eigenen Vorstellung vielleicht. Aber wir alle tragen eine Spur von den wahrnehmbaren Eigenschaften Gottes in uns: Weisheit. Liebe. Gnade. Güte. Die Sehnsucht nach der Ewigkeit. Das sind nur einige der Eigenschaften, die uns von den Tieren unterscheiden und nahelegen, dass wir den Fingerabdruck unseres göttlichen Schöpfers tragen. Wir sind *nach seinem Ebenbild* erschaffen und sind *ihm ähnlich*.

Was das genau bedeutet, klärt sich einige Kapitel später: „Adam war 130 Jahre alt, als er einen Sohn zeugte, sein Ebenbild, das ihm sehr ähnlich war. Er nannte ihn Set" (1. Mose 5,3). Set war das Ebenbild seines Vaters und ihm ähnlich. Vielleicht hatte er die gleichen Locken und dunklen Augen wie sein Vater. Abgesehen davon, dass nur einer von beiden einen Bauchnabel hatte, war Set seinem Vater auch sonst sehr ähnlich.

Das Gleiche gilt auch für uns. Wir kommen in vielerlei Hinsicht „ganz nach Gott". Und da gibt es keine Ausnahmen. Jede

Frau und jeder Mann, geboren oder noch ungeboren, reich oder arm, ob er in der Stadt lebt oder sie auf dem Land, wurde als ein Ebenbild Gottes erschaffen. Bei manchen ist diese Ähnlichkeit ausgeprägter als bei anderen, die einen fördern sie, während die anderen sie unterdrücken – aber alle wurden als Gottes Ebenbilder erschaffen.

Die Sünde hat diese Ebenbildlichkeit zwar verzerrt, aber sie hat sie nicht zerstört. Unsere moralischen Überzeugungen sind vielleicht ein wenig aufgeweicht, unser Verstand ist durch dumme Gedanken verdorben, und wir beten uns hin und wieder lieber selbst an, als Gott anzubeten – Gottes Ebenbild ist manchmal nur noch schwer zu erkennen. Aber denken Sie nicht einen Augenblick lang, Gott hätte seine Zusage zurückgenommen oder seinen Plan geändert. Er erschafft die Menschen immer noch als sein Ebenbild, damit sie ihm ähnlich sind und seine Herrlichkeit widerspiegeln.

Im Neuen Testament ist die Rede davon, dass Gott uns allmählich immer mehr nach seinem Vorbild verändert. Wenn wir Zeit mit Gott verbringen, in seinem Wort lesen, seine Gebote beachten und versuchen, sein Wesen zu verstehen und widerzuspiegeln, entsteht etwas ganz Wunderbares. Oder besser gesagt: *Jemand* ganz Wunderbares. Gott kommt gewissermaßen aus uns heraus. Wir sagen Dinge, die Gott sagen würde. Wir tun Dinge, die Gott tun würde. Wir vergeben, wir teilen und wir lieben. Es ist, als würde Gott eine alte Münze abschrubben. Mit der Zeit kommt ein Abbild zum Vorschein.

Und Gott verfolgt damit nur ein Ziel: alles abzurubbeln, was nicht von ihm ist, damit man wieder das angeborene Ebenbild an uns sehen kann.

Der Apostel Paulus verwendet ein anderes Bild, um das zu veranschaulichen:

Ihr habt doch euer altes Leben mit allem, was dazugehörte, wie alte Kleider abgelegt. Jetzt habt ihr neue Kleider an, denn ihr seid neue Menschen geworden. Gott ist beständig in euch am Werk, damit ihr immer mehr seinem Ebenbild entsprecht, nach dem er euch geschaffen hat. Kolosser 3,9–10

Der Herr verändert uns durch seinen Geist, damit wir ihm immer ähnlicher werden und immer mehr Anteil an seiner Herrlichkeit bekommen. 2. Korinther 3,18

Die moderne Psychologie liegt falsch, wenn sie behauptet, wir würden unseren Wert in uns selbst finden. Die Zeitschriften liegen falsch, wenn sie behaupten, man sei nur so gut, wie man schlank, muskulös, pickelfrei oder parfümiert ist. Die Filmindustrie führt uns in die Irre, wenn sie andeutet, unser Wert steige, wenn wir mehr Durchhaltevermögen, Intelligenz oder Kapital besitzen. Religiöse Führungspersonen lügen, wenn sie uns einreden, dass wir unsere Bedeutung an der Häufigkeit unserer Gottesdienstbesuche, unserer Selbstdisziplin oder unserer Spiritualität festmachen sollen.

In der Bibel heißt es, dass Sie nur aus einem einzigen Grund gut sind: weil Gott Sie nach seinem Bild erschaffen hat. Das ist alles. Sie sind ihm wichtig, weil Sie ihm ähnlich sind. Und Sie werden nur dann wirklich glücklich und zufrieden sein, wenn Sie sich auf Ihre Rolle als Träger seines Ebenbildes einlassen. König David sah es so: „Ich aber, ich werde dein Angesicht schauen in Gerechtigkeit, werde gesättigt werden, wenn ich erwache, mit deinem Bild" (Psalm 17,15; ELB).

Wenn Sie an dieser Zusage festhalten, ersparen Sie sich jede Menge Verwirrung und Angst. Wie viel Traurigkeit würde sich in Luft auflösen, wenn jeder das glauben würde: *Ich wurde erschaffen, um Gott Freude zu bereiten, und werde in sein Bild verwandelt.*

Als ich dieses Kapitel gerade noch einmal überarbeiten wollte, kam meine Tochter Jenna in mein Büro. Sie ist kugelrund. In sechs Wochen wird sie, so Gott will, ein Mädchen zur Welt bringen. Soll ich Ihnen etwas über dieses Kind verraten? Ich liebe es. Ich habe es noch nie gesehen, aber ich liebe es. Es hat sich meine Liebe mit nichts verdient, aber ich liebe es. Es hat mir nie meinen Kaffee gebracht oder mich „Opa" genannt. Es hat mir noch nie ein Lied vorgesungen oder für mich getanzt. Es hat noch rein gar nichts getan!

Und trotzdem liebe ich es jetzt schon.

Ich kann, ohne zu übertreiben, behaupten, dass ich alles für dieses Kind tun würde.

Warum? Warum ich es so sehr liebe? Weil es etwas von mir in sich trägt. Natürlich ist es nur ein kleiner Teil, aber es ist ein Teil von mir.

Warum liebt Gott Sie mit einer Liebe, die niemals aufhört? Es hat nichts mit Ihnen zu tun. Es hat nur damit zu tun, zu wem Sie gehören. Sie gehören zu ihm. Sie tragen etwas von ihm in sich. Etwas von ihm steckt in Ihnen. Er hat Sie nach seinem Ebenbild erschaffen. Er hat Ihnen seinen Namen ins Herz geschrieben. Er hat Ihnen Leben eingehaucht. Vielleicht hilft es Ihnen, sich dies bildlich vorzustellen.

Jemand hat Sie einen hoffnungslosen Fall genannt. Jemand hat Sie als Versager abgestempelt. Jemand hat gesagt, dass Sie nicht wichtig sind. Schenken Sie diesen Stimmen keinen Glauben. Sie haben keine Ahnung, von was sie da reden. In Ihnen glimmt ein göttlicher Funke. Wenn Sie Ja zu Gott sagen, bläst er in diese heilige Glut, bis sie brennt. Das Feuer in Ihnen wird Tag für Tag größer. Ob Sie dann perfekt sind? Nein. Aber Sie werden Stück für Stück vollkommen gemacht. Jesus hat Sie mit seinem Blut erkauft, Sie gehören zu ihm und er liebt sie mit einer leidenschaftlichen, unerklärlichen Liebe. Dass er dies tut, hängt aber nicht von Ihnen ab.

Sie sind ein Gedanke Gottes. Gottes Kind. Nach seinem Ebenbild erschaffen.

Lassen Sie diese Wahrheit von Ihrem Kopf in Ihr Herz wandern. Gott hatte Sie schon erdacht, bevor Ihre Mutter mit Ihnen schwanger wurde. Er hat Sie im Himmel schon geliebt, bevor auf der Erde jemand etwas von Ihnen wusste. Sie sind kein Produkt des Zufalls. Sie sind kein Produkt Ihrer DNA oder der Evolution. Und wer Sie sind, wird auch nicht davon bestimmt, wie viel Sie wiegen, wie viele Follower Sie haben, welches Auto Sie fahren oder welche Kleidung Sie tragen.

Ob Sie Geschäftsführer sind oder auf der Suche nach Arbeit – das ist egal.

Ob Sie auf jemandes Wunschliste stehen oder auf der Abschussliste – das ist egal.

Ob Sie aus einer guten Familie stammen oder ein Waisenkind sind – das ist egal.

Ob Sie einen hohen IQ haben oder nur wenig Bildung – das ist egal.

Ob Sie die erste Geige spielen oder völlig unmusikalisch sind – das ist egal.

Sie werden nach Gottes Ebenbild geformt. Schreiben Sie das in Ihren Lebenslauf. Sie sind ein Edelstein, eine Rose – weil Jesus Christus für Sie gestorben ist. Und in Gottes Augen sind Sie es wert, dass er sein Leben für Sie gab. Was geschieht, wenn diese Wahrheit Ihr Selbstbild bestimmt?

Was geschieht, wenn diese Wahrheit Ihr Bild von anderen bestimmt? Jeder Mensch wurde von Gott als Träger seines Ebenbildes erschaffen und verdient es, mit Würde und Respekt behandelt zu werden. Das heißt, *alle* Menschen verdienen es, dass wir sie als das sehen, was sie sind: Ebenbilder Gottes.

Stellen Sie sich einmal vor, welche Auswirkungen diese Verheißung auf die Gesellschaft haben könnte! Die Menschen wären entgegenkommender! Die Menschen wären freundlicher zueinander! Rassismus hätte keine Chance, wenn jeder davon überzeugt wäre, sein Nachbar sei ein Ebenbild Gottes. Fehden würden im Keim erstickt, wenn die Menschen wirklich glaubten, dass auch ihre Feinde ein Gedanke Gottes seien. Würde ein Mann eine Frau missbrauchen? Nicht, wenn er glaubt, dass sie Gottes Ebenbild in sich trägt. Würde ein Chef seinen Mitarbeiter mobben? Nicht, wenn er glaubt, dass der Mitarbeiter einen göttlichen Funken in sich trägt. Würde die Gesellschaft die Armen, die Behinderten, die Gefangenen oder die Flüchtlinge an den Rand schieben? Nicht, wenn sie wirklich glaubt, dass jedes menschliche Wesen Gottes Idee ist. Und Gott hat keine schlechten Ideen.

Sie und ich wurden von Gott erschaffen, um ihn kennenzulernen und anderen von ihm zu erzählen.

Kinder sagen gern: „Guck mal!" Wenn sie zum ersten Mal ohne Stützräder Fahrrad fahren: „Guck mal, was ich kann!" Wenn sie auf dem Trampolin springen: „Guck mal, wie hoch ich springen kann!" Wenn sie schaukeln: „Guck mal, wie hoch ich schaukeln kann!" Solange wir noch Kinder sind, ist das auch in Ordnung. Aber viele Erwachsene legen dieses Verhalten leider nie ab: „Guck mal, was für ein tolles Auto ich fahre!" „Guck mal, wie viel Geld ich verdiene!" „Guck mal, wie teuer meine Markenkleidung ist … welche Fremdwörter ich kenne … wie durchtrainiert mein Körper ist. Guck mal!"

Wird es nicht langsam Zeit, erwachsen zu werden? Wir wurden so erschaffen, dass unser Leben die Botschaft vermitteln sollte: „Guck dir mal Gott an!" Wenn die Menschen uns betrachten, sollen sie nicht länger uns sehen, sondern das Ebenbild unseres Schöpfers.

Das ist Gottes Plan für unser Leben. Das ist Gottes Verheißung. Und er wird sie erfüllen! Er wird uns in sein Ebenbild verwandeln.

Kapitel 3
Die Tage des Teufels sind gezählt

Denn Gott, von dem aller Friede kommt, wird bei euch den Satan bald endgültig besiegen und euch über ihn triumphieren lassen.
Römer 16,20

Dass die Ausflügler auf die Idee kamen, ein gemütliches Picknick zu machen, ist nichts Besonderes. Sie waren schließlich nicht die ersten, die Essen und Getränke in einen Korb packten und einen Sonntagsausflug machten. Schließlich war es ein ruhiger, sonniger Tag im Juli. Ein Ausflug ins Grüne war da doch etwas Schönes. Nein, was auffällig war, waren nicht die Picknickkörbe. Es war der Ort, an dem sie es sich gemütlich machten.

Es war ein Schlachtfeld. Am 21. Juli 1861 zogen einige Einwohner von Washington, D.C., mit Pferd und Wagen nach Manassas, um zuzusehen, wie ihre Nordstaatentruppen den, wie sie meinten, kurzen Aufstand niederschlagen würden. Sie wollten es sich auf Decken gemütlich machen, ihr Hühnchen genießen und die Truppen aus der Ferne anfeuern.

Einer der Soldaten beschrieb sie als „einen Haufen Schaulustiger ... Sie kamen auf alle möglichen Arten herbei, manche in schicken Kutschen, andere auf Reitpferden und wieder andere in zweirädrigen Wagen ohne Verdeck, zu Pferd oder sogar zu Fuß ... Es war Sonntag und anscheinend hatten sich alle freigenommen."[5]

Ein Reporter der *London Times* berichtete: „Die Zuschauer waren ganz aufgeregt und eine Damen mit Opernglas ... war ganz außer sich [beim Klang einer] außergewöhnlich lauten Explosion ... ‚Meine Güte, wie aufregend! Ist das nicht phänomenal?'"[6]

Es dauerte nicht lange, bis die Realität sie einholte. Beim Klang der Gewehrschüsse, dem Anblick von Blut und den Schreien der verwundeten Soldaten wurde den Menschen bald bewusst, dass das kein Picknick war. Väter packten ihre Kinder und Ehemänner riefen nach ihren Frauen. Sie sprangen auf ihre Pferde und in ihre Wagen. Einige „gerieten mitten in die Truppen der Nordstaaten, die auf dem Rückzug waren".[7] Ein Zuschauer – ein Kongressabgeordneter aus New York – wurde von den Südstaatlern aufgegriffen und beinahe sechs Monate gefangen gehalten.[8]

Das war das letzte Mal, dass Zuschauer mit Picknickkörben auf ein Schlachtfeld gingen. Oder doch nicht?

Könnte es sein, dass wir den gleichen Fehler begehen? Könnte es sein, dass wir von einer ähnlich falschen Annahme ausgehen? Könnte es sein, dass wir es heute noch genauso machen wie damals die Bürger von Washington? In der Bibel wird deutlich, dass um uns ein erbitterter Kampf tobt.

Denn wir kämpfen nicht gegen Menschen, sondern gegen Mächte und Gewalten des Bösen, die über diese gottlose Welt herrschen und im Unsichtbaren ihr unheilvolles Wesen treiben. Darum nehmt all die Waffen, die Gott euch gibt! Nur gut gerüstet könnt ihr den Mächten des Bösen widerstehen, wenn es zum Kampf kommt. Nur so könnt ihr das Feld behaupten und den Sieg erringen. Bleibt standhaft! Die Wahrheit ist euer Gürtel und Gerechtigkeit euer Brustpanzer. Macht euch bereit, die rettende Botschaft zu verkünden, dass Gott Frieden mit uns geschlossen hat. Verteidigt euch mit dem Schild des Glaubens, an dem die Brandpfeile des Teufels wirkungslos abprallen. Epheser 6,12–16

In der Bibel wird auch der reale Feind unseres Glaubens genannt: der Teufel. Das griechische Wort für *Teufel* ist *Diabolos*. Dieses Wort hat den gleichen Wortstamm wie das Verb *diaballein*, was wiederum *spalten* bedeutet.[9] Der Teufel spaltet, trennt und treibt Keile zwischen Menschen und zwischen Menschen und Gott. Im Garten Eden trieb er einen Keil zwischen Adam und Eva und Gott und würde das Gleiche auch in Ihrem Fall tun. Er möchte Ungläubige in die Hölle bringen und den Gläubigen das Leben zur Hölle machen.

Klingt das für Sie irgendwie mittelalterlich? Gehören Unterhaltungen über den Teufel für Sie eher in den Bereich „Aberglauben" oder „überfromm"? Wenn ja, stehen Sie damit nicht allein da. Einer Studie des amerikanischen Barna-Instituts zufolge „stimmten vier von zehn Christen (40 %) uneingeschränkt der Aussage zu, dass Satan ‚kein lebendes Wesen, sondern ein Symbol für das Böse' sei. Weitere zwei von zehn Christen (19 %) stimmten dieser Ansicht ‚eher' zu. Nur eine Minderheit (35 %) gab an, Satan sei für sie real. ... Der Rest der Umfrageteilnehmer war sich nicht sicher, was er in Bezug auf die Existenz Satans glaubte."[10]

Das bedeutet: Etwa die Hälfte aller Christen glaubt nicht daran, dass es den Satan wirklich gibt.

Der Spott und die Skepsis, mit der man seine Person derzeit betrachtet, gefallen ihm vermutlich sehr. Solange er nämlich nicht ernst genommen wird, kann er ungestört Böses tun. Wenn man nicht feststellen kann, was die Ursache für ein Problem ist, wie will man diese Ursache dann bekämpfen? Der Teufel möchte Ihr Leben zerstören, ohne damit in Verbindung gebracht zu werden.

Aber Gott lässt das nicht zu.

Die Bibel führt die Aktivitäten des Satans auf seine Rebellion zurück, die sich irgendwann zwischen der Erschaffung des Universums und seinem Auftreten als Schlange im Garten Eden ereignete. Als Gott die Welt erschuf, „betrachtete Gott alles, was er geschaffen hatte, und es war sehr gut!" (1. Mose 1,31). Am Anfang war alles gut. Jeder Wassertropfen, jeder Baum, jedes Tier und, wenn man den Blick etwas weitet, jeder Engel. Aber irgendwann zwischen den Ereignissen in 1. Mose 1 und denen in 1. Mose 3 hat einer der Engel einen Aufstand gegen Gott angezettelt und wurde aus dem Himmel verbannt. Der Prophet Hesekiel beschreibt diesen Fall sehr anschaulich:

So spricht Gott, der Herr: Du warst der Inbegriff von Weisheit und vollendeter Schönheit. Du hast in Eden gewohnt, dem Garten Gottes. [...] Du warst ein glänzender Engelwächter. Du hattest Zutritt zum heiligen Berg Gottes und bist zwischen den feurigen Steinen umhergegangen. Du warst untadelig in deinem Verhalten von dem Tag an, als du geschaffen wurdest, bis zu dem Tag, als Unrecht bei dir entdeckt wurde. Hesekiel 28,12–15 (NL)

Zu wem sprach Gott? Dieses Wesen

- war im Garten Eden,
- war als Engelwächter eingesetzt,
- wohnte auf Gottes heiligem Berg und
- war untadelig und vollkommen, bis es begann, Unrecht zu tun.

Wer kann das anderes sein als Satan? Diese Prophetie ist meines Erachtens nichts anderes als eine Beschreibung von Satans Fall.

Dein ausgedehnter Handel hat dich grausam werden lassen und du hast gesündigt. Deshalb habe ich dich vom Berg Gottes verbannt. Aus der Mitte der feurigen Steine habe ich dich vertrieben, du mächtiger Wächter. Deine Schönheit hat dein Herz zum Hochmut verführt. Du hast deine Weisheit verdorben, weil dir dein Glanz so wichtig war. Deshalb habe ich dich auf die Erde geworfen und dich vor Königen erniedrigt, damit sie sich über deinen Anblick freuen können. Hesekiel 28,16–17 (NL)

Luzifer war stolz geworden. Er war nicht länger damit zufrieden, Gott anzubeten; er wollte selbst angebetet werden (Jesaja 14,12–15). Er war nicht länger damit zufrieden, sich vor Gottes Thron niederzuwerfen; er wollte selbst darauf sitzen. Kein Wunder, dass Gott Stolz so verhasst ist (Sprüche 6,16–17; 8,13). Kein Wunder, dass Paulus Timotheus drängte, neuen Christen nicht so schnell Leitungsaufgaben zu übertragen, „damit er nicht stolz wird, schon so früh ein Amt innezuhaben, und der Teufel seinen Stolz benutzt, um ihn zu Fall zu bringen[11]" (1. Timotheus 3,6; NL).

Satan kam durch seinen Stolz zu Fall und wurde als Folge davon aus dem Himmel verstoßen. Jesus beschrieb diesen Rauswurf mit den Worten: „Ich sah den Satan wie einen Blitz vom Himmel fallen" (Lukas 10,18). Ein Blitz fährt schnell und dramatisch zur Erde. Als Satan fiel, war es genauso.

Er wurde zwar aus dem Himmel verbannt, aber nicht aus unserem Leben. „Seid besonnen und wachsam! Denn der Teufel, euer Todfeind, läuft wie ein brüllender Löwe um euch herum. Er wartet nur darauf, dass er einen von euch verschlingen kann" (1. Petrus 5,8). Er kommt nur, „um zu stehlen, zu schlachten und zu vernichten" (Johannes 10,10). Sie freuen sich darüber, dass Sie so viel Glück haben? Satan will es Ihnen stehlen. In Ihrem Leben läuft alles rund? Er wird versuchen, Ihnen Sand ins Getriebe zu werfen. Sie lieben Ihren Ehepartner? Satan würde nur zu gern Ihre Ehe zerstören. Er wird versuchen, Sie davon abzuhalten, so zu leben, wie es Gottes Absichten für Ihr Leben entspricht, und wird alles tun, um Sie aus dem Gleichgewicht zu bringen und Ihre Beziehung zu Ihrem Retter zu beeinträchtigen.

Tun Sie diese Gedanken nicht leichtfertig ab.

Werfen Sie einen Blick in die Bibel. Dort können Sie nachlesen, was bislang geschehen ist. Von der ersten bis zur letzten Seite begegnen wir darin einer arroganten, antigöttlichen Kraft, die sehr gerissen und mächtig ist. Das ist der Teufel, die Schlange, der Starke, der brüllende Löwe, der Böse, der Ankläger, der Gott dieser Welt, der Mörder, der Herrscher dieser Welt, der Fürst der unsichtbaren Mächte, Beelzebub und der Vater aller Lügen. Er hat ein Sammelsurium geistlicher Mächte unter sich: Gewalten, Herrscher, Fürsten, Gebieter, Götter, Engel, unreine und böse Geister.

Satan taucht bereits ganz am Anfang im Garten Eden auf, und auf den letzten Seiten der Bibel wird berichtet, dass er am Ende einmal ins Feuer geworfen wird. Er versuchte, David zu Fall zu bringen, brachte Saul von seinem Weg mit Gott ab und griff Hiob an. Er kommt in den Evangelien vor, in der Apostelgeschichte, in den Briefen von Paulus, Petrus, Johannes,

Jakobus und Judas. Wer sich ernsthaft mit der Bibel befasst, muss auch Satan ernst nehmen.

Jesus nahm ihn jedenfalls ernst. In der Wüste wurde er zwar von ihm auf die Probe gestellt, doch er tappte nicht in dessen Fallen (Matthäus 4,1–11). Für ihn ist Satan ein Dieb, der den Menschen die Gute Nachricht wieder aus dem Herzen reißt (Markus 4,15; Matthäus 13,19). Unmittelbar vor der Kreuzigung verkündete Jesus: „Jetzt wird der Teufel, der Herrscher dieser Welt, entmachtet" (Johannes 12,31). Für Jesus war Satan keine mythologische Gestalt und auch kein Symbol für irgendetwas. Für ihn war der Teufel ein übernatürlicher Narzisst. Und als Jesus uns beibrachte, wie wir beten können, sagte er nicht: „… erlöse uns von vagen negativen Gefühlen". Er sagte: „Befreie uns von dem Bösen" (Matthäus 6,13).

Wir spielen dem Teufel in die Hände, wenn wir behaupten, dass es ihn nicht gäbe. Den Teufel gibt's echt.

Aber – und das ist das Wichtigste – *der Teufel ist im Grunde schon besiegt.* Würde Satan die Bibel lesen (was er vermutlich nicht tut), wäre er völlig entmutigt, denn aus so vielen Versen geht hervor: Seine Tage sind gezählt.

„Auf diese Weise wurden die Mächte und Gewalten entwaffnet und in ihrer Ohnmacht bloßgestellt, als Christus über sie am Kreuz triumphierte" (Kolosser 2,15). Satan war fest davon überzeugt, dass er den Sieg davontragen würde, aber Jesus hat dem einen Riegel vorgeschoben. Bis zum Jüngsten Gericht werden Satan und seine Lakaien in gewisser Weise an der kurzen Leine gehalten und können auf dieser Welt schalten und walten. Doch an diesem besonderen Tag wird Jesus Satan dann in den Feuersee werfen, aus dem er niemals zurückkehren wird

(2. Petrus 2,4; Judas 6). Das Böse ist heute immer noch am Werk, und wir scheinen dem oftmals nichts entgegensetzen zu können, aber Gott wird das letzte Wort haben und den endgültigen Sieg davontragen.

Mein Freund Carter Conlon ist seit mehr als zwanzig Jahren Pfarrer in einer New Yorker Gemeinde. Aber seine Jugend hat er zum großen Teil auf einer Farm verbracht. Er erzählte mir einmal von einem Erlebnis in der Scheune, das ihm die Stellung Satans verdeutlichte: In dieser Scheune lebte eine Katzenfamilie. Die Mutter konnte man oft auf dem Feld bei der Mäusejagd beobachten. Sie jagte und spielte mit ihrem Opfer, bis die Maus völlig erschöpft war. Dann schleppte sie den kleinen Nager zu ihren Jungen, um ihnen beizubringen, wie man jagt und tötet. Carter erinnert sich noch heute daran, dass sich die Maus auf die Hinterbeine stellte, als sie die Kätzchen erblickte, und sich zum Kampf bereit machte. Der kleine Nager entblößte seine gelblichen Zähnchen und drohte mit seinen kleinen Pfötchen. Dann versuchte die Maus zu fauchen. Sie hatte in dieser Situation nur eine einzige Chance: Sie musste die Kätzchen davon überzeugen, dass sie in Wirklichkeit eben keine besiegte, kümmerliche, unterlegene Maus war. Sie musste sie davon überzeugen, dass sie nicht schon verloren hatte. Im Grunde mussten die Kätzchen nicht einmal mehr kämpfen, um die Maus zu besiegen.[12]

Und entsprechend hat Jesus die teuflische Ratte auch schon besiegt. Behalten Sie den Teufel im Auge, aber lassen Sie sich nicht von ihm einschüchtern. Lernen Sie, ihn an seinem Tun zu erkennen. Er hat nur ein Ziel: Er will stehlen, schlachten und umbringen, also wenden Sie sich im Gebet an Gott, wann immer Sie von Raubüberfällen, Tod und Zerstörung hören. Der Begriff *Teufel* geht auf das altgriechische Wort *Diábolos* zurück, was wörtlich übersetzt *Durcheinanderwerfer* im Sinne von *Verwirrer*, *Faktenverdreher* und *Verleumder* bedeutet, also können Sie sich denken, wer hinter all den Scheidungen, der Ablehnung und der Isolation steckt. Werfen Sie einen Blick in die Bibel, und schauen Sie doch einmal, welche Verheißungen Gott uns im Hinblick auf Satan gemacht hat:

Denn Gott, von dem aller Friede kommt, wird bei euch den Satan bald endgültig besiegen und euch über ihn triumphieren lassen. Römer 16,20

Denn Gott, der in euch wirkt, ist stärker als der Teufel, von dem die Welt beherrscht wird. 1. Johannes 4,4

Gott steht treu zu euch. Er wird auch weiterhin nicht zulassen, dass die Versuchung größer ist, als ihr es ertragen könnt. 1. Korinther 10,13

Unterstellt euch Gott und widersetzt euch dem Teufel. Dann muss er von euch fliehen. Jakobus 4,7

Er [der Teufel] *schnaubt vor Wut, denn er weiß, dass ihm nicht mehr viel Zeit bleibt.* Offenbarung 12,12

Darum nehmt all die Waffen, die Gott euch gibt! […] Die Wahrheit ist euer Gürtel und Gerechtigkeit euer Brustpanzer. Macht euch bereit, die rettende Botschaft zu verkünden, dass Gott

Frieden mit uns geschlossen hat. Verteidigt euch mit dem Schild des Glaubens, an dem die Brandpfeile des Teufels wirkungslos abprallen. Epheser 6,13–16

Soldaten wissen, dass man nicht in kurzer Hose und Flipflops aufs Schlachtfeld geht. Sie bereiten sich sorgfältig vor. Sie nehmen alle Waffen mit in den Kampf, die ihnen zur Verfügung stehen. Und wir sollten das Gleiche tun. Jede Auseinandersetzung ist ein Kampf mit Satan und seinen Mächten. Denn: „Wir sind zwar Menschen, doch wir kämpfen nicht mit menschlichen Mitteln. Wir setzen die mächtigen Waffen Gottes und keine weltlichen Waffen ein, um menschliche Gedankengebäude zu zerstören" (2. Korinther 10,3–4; NL).

Von welchen Waffen spricht Paulus hier? Von Gebet, Anbetung und der Bibel. Wenn wir beten, zapfen wir Gottes Kraftquelle an. Wenn wir anbeten, tun wir das, was Satan nicht tun wollte: Wir unterstellen uns Gott, der allein auf dem Thron sitzt. Wenn wir die Bibel ergreifen – unser Schwert –, machen wir es wie Jesus in der Wüste: Als Satan ihn auf die Probe stellte, trat er ihm mit der Wahrheit der Bibel entgegen. Und da Satan extrem allergisch gegen die Wahrheit ist, ließ er Jesus schließlich in Ruhe.

Wenn wir Gott loben und anbeten, wird Satan nicht lange bleiben.

Satan mag zwar teuflisch böse sein, aber er wird am Ende nicht den Sieg davontragen.

Ich habe auch mehrmals erlebt, dass ich schon vorher wusste, wer aus einer Auseinandersetzung als Sieger hervorgehen würde. Als Pastor kann ich die Footballspiele, die sonntags stattfinden, oft nicht live sehen, weil ich in dieser Zeit auf der Kanzel stehe. Aber da ich die Spiele aufnehmen kann, beklage ich mich nicht darüber.

Leider kommen aber nach dem Gottesdienst oft wohlmeinende Gemeindemitglieder auf mich zu, die per Textnachricht erfahren haben, wer gewonnen hat, um mich auf dem Laufenden zu halten. Ich habe schon ernsthaft darüber nachgedacht, mir ein Schild mit der Aufschrift: „Nix verraten! Ich hab's aufgenommen." umzuhängen.

Vor allem an ein Spiel kann ich mich noch lebhaft erinnern. Meine geliebten *Dallas Cowboys* waren der haushohe Favorit. Ich hatte die Aufnahmezeit sorgfältig eingestellt und freute mich darauf, mir nachmittags die Touchdowns anzuschauen. Ich erwähnte das Spiel mit keinem Ton und vermied sogar jeden Augenkontakt mit Leuten, von denen ich glaubte, dass sie mir vielleicht das Ergebnis verraten könnten. Ich hatte mein Auto fast erreicht, als ein begeisterter Footballfan mir zurief: „Max, hast du schon gehört? Die ‚Cowboys' haben gewonnen!!!"

Grrrr.

Da ging sie hin, meine Vorfreude. Die Spannung löste sich schlagartig auf. Ich würde nicht mehr nervös auf der Stuhlkante herumrutschen. Es gab keinen Grund mehr, an den Nägeln zu knabbern oder mir die Augen zuzuhalten. Doch obwohl ich das Ergebnis schon kannte, wollte ich mir das Spiel trotzdem ansehen. Dabei stellte ich erfreut fest, dass ich es jetzt ganz stressfrei anschauen konnte! Im zweiten Viertel lagen die *Cowboys* zurück, aber das beunruhigte mich nicht. Ich kannte ja das Ergebnis. Sechs Minuten vor Schluss verloren wir den Ball. Aber ich brach nicht in Panik aus. Ich wusste, wer am Ende der

Sieger sein würde. In der Schlussminute brauchten wir noch einen Touchdown. Kein Problem. Der Sieger stand ja schon fest.

Genauso ist es bei Ihnen. Zwischen dem Moment, in dem Sie diese Worte lesen, und dem Abpfiff werden Sie immer wieder Grund haben, sich Sorgen zu machen. Sie werden den Ball verlieren. Es wird so aussehen, als hätte der Teufel die Oberhand. Irgendeine teuflische Macht wird Ihnen Ihre Träume und Ihre Bestimmung stehlen wollen. Das Gute scheint zu verlieren. Aber Sie müssen sich keine Sorgen machen. Wir beide wissen, wie das „Spiel" ausgeht.

Wenn Sie also das nächste Mal seinen stinkenden Atem spüren, dann erinnern Sie ihn an die Verheißung, die er so ungern hört: „Denn Gott, von dem aller Friede kommt, wird bei euch den Satan bald endgültig besiegen und euch über ihn triumphieren lassen" (Römer 16,20).

Um Sie herum tobt eine Schlacht, also packen Sie nicht den Picknickkorb.

Allerdings steht der Ausgang der Schlacht auch schon fest – Gott hat gesiegt –, also würdigen Sie den Teufel keines Blickes.

Kapitel 4
Ein Erbe Gottes

Als seine Kinder aber sind wir – gemeinsam mit Christus – auch seine Erben.
Römer 8,17

2012 fand man zwei Tage nach Weihnachten den Körper des sechzig Jahre alten Timothy Henry Gray unter einer Überführung in Wyoming. Es gab kein Zeichen von Gewalteinwirkung, keinen Hinweis darauf, dass er einem Verbrechen zum Opfer gefallen war. Ein obdachloser Cowboy war eben an Unterkühlung gestorben. Gray hatte einfach Pech gehabt und wenig Glück.

Nur eine Kleinigkeit passte nicht ins Bild: Gray war der Erbe eines Millionenvermögens.

Grays Urgroßvater war ein wohlhabender Kupferminenbesitzer, Eisenbahnbauer und der Gründer einer kleinen Stadt in Nevada, von der Sie vielleicht schon gehört haben: Las Vegas. Er vermachte sein Vermögen seiner Tochter Huguette, die 2011 im Alter von 104 Jahren verstarb.

Huguette hinterließ ein Vermögen von 300 Millionen Dollar. Als Gray starb, stritt man sich gerade vor Gericht über die Testamentsvollstreckung. Es sollte sich zeigen, dass der Tote unter der Bahnüberführung gar nicht so arm war, sondern etwa 19 Millionen Dollar besaß.[13]

Wie kommt es, dass der Erbe eines so riesigen Vermögens wie ein Bettler stirbt? Timothy Gray kannte seine Familiengeschichte zweifellos. Hatte er Kontakt zu seiner angeheirateten Großtante gehabt? War er jemals auf den Gedanken gekommen nachzuforschen, ob er nicht vielleicht etwas von ihrem Vermögen erben würde?

Ich hätte mich auf jeden Fall damit beschäftigt! Ich würde meiner lieben Großtante nicht mehr von der Pelle rücken. Ich würde jeden Stein umdrehen und jedes Dokument durchforsten. Sie nicht auch? Wir würden alles dafür tun, um an unser Erbe zu kommen, oder?

Aber tun wir das wirklich?

Sprechen wir über Ihr Erbe. In der Schmuckschatulle der Verheißungen Gottes für Sie liegt funkelnd die Garantie für Ihr Erbteil: Sie sind ein Erbe – ein Erbe Gottes und Miterbe mit Christus (Römer 8,17).

Sie sind nicht bloß ein Nachfolger, Diener oder Heiliger Gottes. Nein, Sie sind ein Kind Gottes. Sie haben ein Anrecht auf den Familienbesitz und das himmlische Vermögen. Das Testament wurde bereits vollstreckt. Das Verfahren ist abgeschlossen. Ihr geistliches Konto wurde gefüllt. Gott hat Sie „durch Christus mit dem geistlichen Segen in der himmlischen Welt reich beschenkt" (Epheser 1,3; NL).

Sie haben alles, was Sie brauchen, um ganz der Mensch zu sein, als den Gott Sie erschaffen hat. Die göttlichen Mittel stehen Ihnen bereits zur Verfügung.

Sie brauchen mehr Geduld? Können Sie bekommen.

Sie brauchen mehr Freude? Bitten Sie darum.

Ihnen geht die Weisheit aus? Gott hat reichlich davon. Bestellen Sie einfach nach.

Der Reichtum Ihres Vaters ist riesig! „Du, Herr, besitzt Größe, Kraft, Ruhm, Glanz und Majestät. Alles, was im Himmel und auf der Erde lebt, ist dein. Du bist König, der höchste Herrscher über alles" (1. Chronik 29,11). Gibt es jemanden, der mehr besitzt?

Sie werden seine Mittel niemals völlig erschöpfen. Er wird Ihr Gebet niemals mit einem „Komm morgen wieder. Ich bin müde, ausgelaugt, fertig." abtun.

Gott hat alles im Überfluss! Sein Reichtum an Liebe, Hoffnung und Weisheit ist grenzenlos.

Was kein Auge jemals sah, was kein Ohr jemals hörte und was sich kein Mensch vorstellen konnte, das hält Gott für die bereit, die ihn lieben. 1. Korinther 2,9

Sie wagen wahrscheinlich nicht, sich Gottes Traum für Ihr Leben vorzustellen. Er steht mit Ihnen am Ostufer des Jordan, deutet mit einer ausladenden Handbewegung auf das Land Kanaan und sagt das zu Ihnen, was er auch zu Josua sagte: „Sei mutig und entschlossen, denn das hier ist dein Erbe."[14]

Menschen, die an Gottes Verheißungen festhalten, vertrauen darauf, dass seine Möglichkeiten unerschöpflich sind. Und wir sind so oft darauf angewiesen. Wie oft sind wir müde und kraftlos? Wie oft denken wir: „Ich weiß nicht mehr, was ich tun soll" oder „Das wird niemals funktionieren" oder „Ich krieg das einfach nicht hin"?

Kürzlich habe ich meiner Frau fast eine Stunde lang mein Leid geklagt. Ich hatte das Gefühl, als würden mir all die Verpflichtungen und Abgabetermine über den Kopf wachsen. Ich hatte Grippe gehabt. In der Gemeinde gab es Spannungen zwischen Mitarbeitern. Ich war gerade aus dem Ausland zurückgekehrt und litt unter Jetlag. Wir hatten erfahren, dass gute Freunde sich scheiden lassen wollten. Und um dem Ganzen die Krone aufzusetzen, schickte mir mein Verlag ein Manuskript zurück, das mit Korrekturen nur so übersät war. Ich suchte nach einem Kapitel, das ich nicht überarbeiten musste, fand aber keines. Kein einziges. Es war eine Katastrophe.

Wenn Sie in diesem Moment meine Gedanken hätten lesen können, hätten Sie gedacht, Sie hätten den personifizierten Pessimismus vor sich. *All meine Arbeit war umsonst. Ich kündige meinen Job und ziehe mich in eine Hütte im Wald zurück. Ich bin einfach kein Buchautor, kein Pastor, kein Ermutiger ... kein Mensch!*

Nach etlichen Minuten unterbrach Denalyn mich mit einer Frage: „Kommt da auch irgendwo Gott drin vor?" (Ich hasse es, wenn sie das macht.)

Was war passiert? Ich hatte mich auf meine Möglichkeiten konzentriert. Ich hatte nicht an Gott gedacht. Ich hatte Gott nicht um Rat gefragt. Ich hatte mich Gott nicht zugewandt. Ich sprach nicht über Gott. Ich hatte mich auf meine kleine Welt beschränkt, auf meine Kraft, meine Weisheit und meine Macht. Kein Wunder, dass ich in ein tiefes Loch gefallen war.

Für solche Augenblicke gibt Gott uns folgende Verheißung: Wir sind „Miterben an seinem Reichtum – denn alles, was Gott seinem Sohn Christus gibt, gehört auch uns" (Römer 8,17; NL).

Bestürzung, Trübsal und Niedergeschlagenheit haben keine Antwort auf die Zusage dieses Erbes. Sagen Sie ihnen: „Mein Herr wird mir helfen. Ich werde neue Kraft bekommen. Die Tankanzeige steht vielleicht schon auf Reserve, aber mein Tank wird nicht leerlaufen. Das wird mein Vater nicht zulassen. Ich bin ein Kind des lebendigen und liebenden Gottes und er wird mir helfen."

Denn der Geist Gottes, den ihr empfangen habt, führt euch nicht in eine neue Sklaverei, in der ihr wieder Angst haben müsstet. Er hat euch vielmehr zu Gottes Söhnen und Töchtern gemacht. Jetzt können wir zu Gott kommen und zu ihm sagen: „Abba, lieber Vater!" Gottes Geist selbst gibt uns die innere Gewissheit, dass wir Gottes Kinder sind. Als seine Kinder aber sind wir – gemeinsam mit Christus – auch seine Erben. Und leiden wir jetzt mit Christus, werden wir einmal auch seine Herrlichkeit mit ihm teilen.
Römer 8,15–17

Wenn wir die Gelegenheit gehabt hätten, hätten wir wahrscheinlich zu Timothy Gray gesagt: „Hey, Mr Gray, Ihre Familie ist doch wohlhabend und Sie werden ein Vermögen erben. Kommen Sie unter dieser Brücke hervor und machen Sie Ihren Anspruch geltend."

Entsprechend möchten die Engel uns sagen:

„Hey, Lucado! Ja, du da mit dieser miesen Einstellung. Du bist ein Erbe der Freude Christi. Warum bittest du Jesus nicht, dir zu helfen?"

„Und Sie, Herr Ratlos. Sind Sie nicht ein Erbe von Gottes riesigem Vorrat an Weisheit? Warum bitten Sie ihn nicht darum, Ihnen in dieser Sache den Weg zu zeigen?"

„Frau Sorgenvoll, warum lassen Sie sich von diesen Ängsten den Schlaf rauben? Jesus hat Frieden im Überfluss. Sprechen Sie mit ihm."

So sieht Ihre Stellung in Gottes Familie aus: Sie kommen nicht als Fremder zu Gott, sondern als Erbe der Verheißung. Sie treten nicht als Eindringling vor Gottes Thron, sondern als sein Kind, das von seinem Heiligen Geist erfüllt ist.

In einer der bekanntesten biblischen Geschichten geht es ebenfalls um das Thema „Erbe". Gott hatte das Volk Israel gerade erst aus der ägyptischen Gefangenschaft befreit. Mose führte die Menschen an die Grenze zum verheißenen Land und dort gab Gott ihnen folgende Anweisung: „Der Herr sprach zu Mose: ‚Sende Kundschafter nach Kanaan! Sie sollen sich in dem Land umsehen, das *ich euch* Israeliten *geben will*. Such dazu aus jedem Stamm einen angesehenen Mann aus!'" (4. Mose 13,1–2; Hervorhebungen des Autors).

Gott hat den Israeliten nicht gesagt, dass sie das Land erobern, einnehmen oder es unterwerfen oder dass sie dort einmarschieren oder es sich irgendwie sichern sollen. Er sagte ihnen, er werde es ihnen geben. Die Menschen standen also vor einer Entscheidung: Wem würden sie glauben – der Verheißung, die Gott ihnen hier gab, oder den Umständen? Die Umstände sahen düster aus: „Auf keinen Fall. Bleibt bloß weg. In dem Land leben Riesen." Gottes Verheißung besagte: „Das Land gehört euch. Ihr werdet die Bewohner auf jeden Fall besiegen. Nehmt es euch."

Sie mussten sich nur, trotz der Umstände, auf diese Verheißung verlassen und das Geschenk annehmen. Aber genau das taten sie nicht. Sie trafen die falsche Entscheidung, was von Gott mit einer 40-jährigen Strafe bedacht wurde: Er sorgte dafür, dass sie eine ganze Generation lang in der Wüste umherziehen mussten, bis eine neue Spezies von Nachfolgern herangewachsen war.

Josua war der Anführer dieser neuen Generation. Nach Moses Tod machte Gott dem Volk erneut das Angebot und versprach ihnen ein weiteres Mal, dass das verheißene Land ihnen gehörte. „Als Mose gestorben war, sprach der Herr zu Josua, dem Sohn von Nun, der Mose bei seinen Aufgaben geholfen hatte: ‚Mein Diener Mose ist tot. Nun wirst du Israel führen! Befiehl dem Volk, sich für den Aufbruch fertigzumachen. Ihr alle werdet den Jordan überqueren und in das Land ziehen, das ich euch gebe. Jedes Gebiet, das ihr betretet, gehört euch. Das habe ich schon Mose versprochen'" (Josua 1,1–3).

Wir denken immer, dass Josua das Land erobert habe. Aber genau genommen hat Josua Gott nur beim Wort genommen. Ja, natürlich hat Josua in gewisser Hinsicht das Land eingenommen. Aber er tat es, weil er auf Gottes Verheißung vertraute. Die größte Errungenschaft des Volkes Israel bestand darin, dass sie ihr Erbe in Anspruch nahmen. Die Geschichte endet sogar mit der Feststellung: „Danach entließ Josua die Leute, jeden in sein Erbteil" (Josua 24,28; NL).

Bedeutet das, dass sie nie wieder mit Herausforderungen konfrontiert waren? Im Buch Josua können wir nachlesen, dass das nicht der Fall war. Der Jordan war breit. Die Mauern von Jericho waren hoch. Die Bewohner von Kanaan gaben ihr Land nicht kampflos auf. Und trotzdem brachte Josua die Israeliten über den Jordan und die Mauern von Jericho zum Einsturz und besiegte die 31 Könige feindlicher Völker. Jedes Mal, wenn er mit einer Herausforderung konfrontiert war, stellte er sich ihr mutig entgegen, weil er auf sein Erbe vertraute.

Was wäre, wenn Sie genau das Gleiche täten?

Vor Ihnen erhebt sich eine Mauer der Angst, sie besteht aus Steinen der Sorge und der Furcht. Dieses Bollwerk hindert Sie daran, Kanaan zu betreten. Die Umstände vermitteln Ihnen die Botschaft: *Duck dich vor deinen Ängsten.* Ihr Erbe sagt dagegen:

Du bist ein Königskind. Gottes vollkommene Liebe vertreibt die Furcht. Zieh los!

Entscheiden Sie sich für Ihr Erbe.

Die Könige der Verwirrung haben sich bereits an Ihre Fersen geheftet. Sie sind schuld daran, dass Sie mit Ihrer Identität und Ihrer Bestimmung ringen und der Lüge auf den Leim gegangen sind, dass Ihr Leben keinen Sinn hat und dass alles relativ ist. Erinnern Sie sich an Ihr Erbe: Gottes Führung. Sein Wort, das Ihnen den Weg weist. Seine unumstößlichen Wahrheiten.

Entscheiden Sie sich für Ihr Erbe.

Bedeutet das, dass Sie nie wieder mit Herausforderungen konfrontiert werden? Bei Josua war das nicht der Fall. Er musste sieben Jahre lang kämpfen. Aber er erlebte mehr Siege als Niederlagen.

Und Ihnen kann es ganz ähnlich ergehen. Letztlich läuft alles auf eine Entscheidung hinaus: Werden Sie Gott vertrauen und Ihre Stellung als Erbe Gottes und Miterbe Christi einnehmen? „Denn wir sind in dieser Welt schon ebenso mit dem Vater verbunden, wie Christus es ist" (1. Johannes 4,17). Wir sind keine Sklaven oder entfernte Verwandte. Unser Erbe ist genauso groß wie das von Jesus. Was er bekommt, das bekommen wir auch.

Stellen Sie sich vor, Sie haben es sich gerade abends zu Hause gemütlich gemacht, als es an der Tür klingelt. Als Sie öffnen, steht vor Ihnen ein gut gekleideter Mann, der sich Ihnen als Anwalt vorstellt, der in Erbschaftsangelegenheiten zu Ihnen kommt.

„Darf ich hereinkommen und mit Ihnen über ein mögliches Erbe sprechen?"

Normalerweise würden Sie keinen Wildfremden in Ihre Wohnung lassen. Aber hat er da gerade etwas von „Erbe" gesagt?

Sie bieten ihm einen Stuhl an. Er zieht ein Dokument aus seiner Aktentasche und fängt an, Ihnen einige Fragen zu stellen.

„Stammt Ihre Mutter aus England?"

„Ja."

„War ihr Name Mary Jones?"

„Ja." Ihr Puls beschleunigt sich.

„Hat sie in Chicago gelebt und als Lehrerin gearbeitet? Hat sie John Smith geheiratet und ist vor fünf Jahren gestorben?"

„Ja. Ja. Ja und noch mal ja."

„Und Sie sind John Smith jr.?"

„Ja!"

„Dann sind Sie die Person, nach der wir gesucht haben. Ihre Mutter hat von einem Onkel eine größere Summe geerbt. Und da Ihre Mutter bereits verstorben ist, gehört diese Erbschaft jetzt Ihnen."

„Wirklich?"

„Ja."

Sie denken: *Dann kann ich mir endlich die neuen Laufschuhe von Puma kaufen.*

„Es ist ein beträchtliches Erbe."

Vielleicht sollte ich doch die von Asics nehmen.

„Es ist wahrscheinlich mehr, als Sie sich vorstellen können."

Gut, dann die von Nike.

„Sie haben eine Goldmine in Südafrika geerbt. Es wird noch einige Jahre dauern, bis genau feststeht, wie viel das Erbe wert ist, aber bis dahin bekommen Sie erst einmal eine Anzahlung von zwanzig Millionen."

Vielleicht kaufe ich einfach Nike auf.
Wenn das die Anzahlung ist, wie viel ist dann die ganze Erbschaft wert?

Das ist die Frage, vor der auch die Menschen stehen, die Gottes Verheißungen für sich in Anspruch nehmen. Sie sind gemeinsam mit Jesus Erben von Gottes Reichtum. Er wird Ihnen alles geben, was Sie brauchen, um die Herausforderungen des Lebens zu bewältigen. Zumindest hat er das für Diet Eman getan.

In den frühen Morgenstunden des 10. Mai 1940 wachte sie von einem Geräusch auf, das so klang, als würde jemand einen Teppich ausklopfen. Als das Geräusch anhielt, stand die zwanzigjährige Holländerin auf und lief gemeinsam mit ihren Eltern in den Vorgarten. Der Himmel war übersät mit deutschen Flugzeugen, die gerade auf dem Weg nach Den Haag waren. Hitler hatte den Holländern versichert, er würde ihre Neutralität respektieren. Doch das war nur eines seiner zahlreichen gebrochenen Versprechen.

Die Familie rannte ins Haus zurück und schaltete das Radio ein: „Wir befinden uns im Krieg. Deutsche Fallschirmjäger sind gelandet." Diet dachte sofort an ihren Freund Hein. Die beiden hatten viel gemeinsam. Beide stammten aus christlichen Familien, beide waren ihrem Vaterland treu, und beide waren wütend darüber, dass die Deutschen die Juden verfolgten.

Nicht alle holländischen Christen dachten so. Einige waren dafür, Konflikte zu vermeiden und darauf zu vertrauen, dass Gott schon alles richten würde. Aber für Hein und Diet war der Wille Gottes klar, denn der junge Mann war mit dem Gedankengut von Hitlers *Mein Kampf* vertraut. „Hitler ist so mit Hass erfüllt", sagte er zu Diet, „er wird etwas ganz Schreckliches tun!" Ende 1941 zwangen die Nazis alle niederländischen Juden, gelbe Sterne zu tragen, und erteilten ihnen ein Reiseverbot. Viele erhielten die Ankündigung, dass man sie nach Deutschland deportieren würde.

Ein jüdischer Mann wandte sich an Diet und bat sie um Unterstützung. Hein und Diet wussten, dass es sehr gefährlich war, ihm zu helfen. Wenn man sie erwischte, konnte das ihren Tod bedeuten. Aber sie halfen ihm trotzdem und organisierten seine Fahrt nach Friesland, wo er bis zum Kriegsende bei einem Bauern lebte.

Was mit der Hilfe für einen einzelnen Mann begann, weitete sich zunehmend aus, als die beiden auch anderen halfen. Das Risiko wurde immer größer. Hein sprach von einem Notfallplan und davon, was sie tun sollten, wenn er verhaftet würde. Bei einer dieser Unterhaltungen spürte Diet, wie eine innere Stimme ihr sagte: „Schau ihn dir noch einmal genau an." Drei Tage später, am 26. April 1944, wurde er verhaftet und ins Gefängnis gesteckt.

Diet veränderte ihr Aussehen und legte sich eine neue Identität zu. Aber das reichte nicht aus. Wenige Wochen später wurde sie ebenfalls ins Gefängnis gesteckt und ihre einzige Hoffnung waren nun Gottes Verheißungen. Eines Tages nahm sie eine Haarnadel und ritzte die Worte Jesu in die Ziegelmauer ihrer Zelle: „Ihr dürft sicher sein: Ich bin immer bei euch, bis das Ende dieser Welt gekommen ist!" (Matthäus 28,20).

Wenige Wochen später wurde sie mit zahlreichen anderen Häftlingen in ein KZ verlegt. Es gab wenig zu essen, keine Seife, keine Handtücher und kein Toilettenpapier. Manchmal fürchtete sie, den Verstand zu verlieren. Als ihr schließlich der Prozess gemacht wurde, bereitete sie sich auf das vor, was sie den Nazis sagen würde, und klammerte sich dabei an zwei Verheißungen aus der Bibel, an die sie sich noch erinnerte: dass ihr kein Haar gekrümmt würde (Lukas 21,18) und dass sie sich nicht zu fürchten brauchte, wenn sie vor Gericht gestellt wurde, denn Gott würde ihr dabei helfen, die richtigen Dinge zu sagen (Matthäus 10,19). Am selben Tag durfte sie zurück in die Baracke und zwei Wochen später wurde sie freigelassen.

Aber Hein war in Dachau. Einer seiner Mitgefangenen erzählte Diet später, dass Hein ganz ruhig gewesen sei und immer an seinem Glauben festgehalten hatte. Gegen Ende war er schließlich so schwach, dass er nicht mehr arbeiten konnte. Wärter holten ihn schließlich ab und Hein wurde nie wieder gesehen.

Diet erhielt noch eine letzte Botschaft. Kurz vor seinem Tod hatte Hein eine Nachricht auf ein Stück Toilettenpapier gekritzelt, hatte es in braunes Papier gewickelt, adressiert und aus dem Fenster des Eisenbahnwaggons geworfen, in dem die Gefangenen transportiert wurden. Jemand fand den Umschlag und steckte ihn tatsächlich in die Post. Hein schrieb:

Mein Schatz, rechne nicht damit, dass wir uns bald wiedersehen. ... Wir sehen wieder einmal, dass wir nicht über unser eigenes Leben bestimmen. ... Auch wenn wir uns auf dieser Welt nicht wiedersehen, werden wir niemals bereuen, was wir getan haben und dass wir uns so eingesetzt haben. Diet, du sollst wissen, dass ich von allen Menschen auf dieser Welt dich am meisten geliebt habe.[15]

In Gedanken sehe ich, wie die junge Diet auf dem Bett liegt und mit den Fingern über die Buchstaben streicht, die sie in die Wand geritzt hat. Die Gefangenen sind hungrig. Ihr Magen knurrt und ihr Körper ist schwach. Aber sie beschließt, sich auf diese Verheißung, dieses Erbe zu konzentrieren: *„Ihr dürft sicher sein: Ich bin immer bei euch, bis das Ende dieser Welt gekommen ist!"*

Ich versuche, mir Hein in Dachau vorzustellen. Männer, die nur noch Haut und Knochen sind, gehen im Freien umher. Der Geruch des Todes liegt in der Luft, und Hein weiß, dass ihm nicht mehr viel Zeit bleibt. Wahrscheinlich war es seine letzte Gelegenheit, etwas zu schreiben, als er den Federhalter in das Tintenfass der Hoffnung tauchte und kritzelte: *„Wir werden niemals bereuen, was wir getan haben."*

Woher hatte dieses Paar nur so viel Mut? Wo fanden sie Hoffnung, die auch in einer solchen Situation trägt? Wie gelang es ihnen, nicht zu verzweifeln? Ganz einfach: Sie vertrauten Gottes großartigen Verheißungen. Und Sie? Welche Botschaft ritzen Sie in die Wand Ihres Lebens? Welche Worte schreiben Sie? Entscheiden Sie sich für die Hoffnung und nicht für die Verzweiflung. Entscheiden Sie sich fürs Leben und nicht für den Tod. Entscheiden Sie sich für Gottes Verheißungen.

Sie müssen nicht länger unter der Brücke schlafen. Sie sind ein neuer Mensch. Leben Sie auch so.

Es wird Zeit, dass Sie so leben, wie es Ihrem Erbe entspricht.

Kapitel 5
Ihre Gebete haben Kraft

*Denn das Gebet eines Menschen, der nach Gottes Willen lebt,
hat große Kraft.*
Jakobus 5,16

Kürzlich begleitete ich Denalyn zum Einkaufen. Weil sie einen Kalender kaufen wollte, fuhren wir zu einem Laden, der *OfficeMax* heißt. Als wir über den Parkplatz gingen, deutete ich auf das Schild und meinte: „Schatz, das ist *mein* Laden. Office*Max*!"

Sie blieb unbeeindruckt.

Ich lief zur Eingangstür und hielt sie ihr auf. „Willkommen in *meinem* Laden."

Sie verdrehte die Augen. Früher dachte ich immer, wenn sie die Augen verdreht, sei das ein Ausdruck ihres Missfallens. Aber nach 35 Jahren Ehe ist mir jetzt klar geworden, dass es ein Zeichen ihrer Bewunderung ist. Das muss so sein, schließlich macht sie es ziemlich oft.

Während des Einkaufens spielte ich mein Spiel weiter, dankte ihr, dass sie *meinen* Laden aufgesucht hatte und Waren aus *meinem* Regal kaufte. Sie verdrehte einfach nur die Augen. Ich glaube, sie war sprachlos.

Als wir zur Kasse kamen, erklärte ich der Kassiererin, wer ich war. Ich zog die Augenbrauen hoch und sagte mit tiefer Stimme: „Hallo, ich bin Max."

Sie lächelte und scannte weiter unsere Einkäufe ein.

„Wie in OfficeMax."

Sie sah erst mich an und dann Denalyn, die erneut die Augen verdrehte. Ihre Bewunderung rührte mich zutiefst. Ich errötete.

„Ich bin der Chef dieses Ladens", erklärte ich der Kassiererin.

„Wirklich?" Sie sah mich an, ohne zu lächeln.

„Warum nehmen Sie sich nicht heute Nachmittag einfach frei?"

„Was?"

„Nehmen Sie sich den Nachmittag frei. Wenn jemand fragt, sagen Sie einfach, dass Max von OfficeMax Ihnen freigegeben hat."

Jetzt hielt sie inne und sah mich an. „Sir, Sie haben zwar den richtigen Namen, aber das nützt Ihnen hier gar nichts, weil Sie nicht auch den entsprechenden Einfluss haben."

Sie hatte recht, was mich betrifft. Aber für Sie gilt das nicht.

Wenn Sie den Namen von Christus angenommen haben – wenn Sie ihm nachfolgen –, dann finden Sie Gehör beim mächtigsten Wesen des gesamten Universums. Wenn Sie sprechen, ist Gott ganz Ohr. Wenn Sie beten, dann bekommt der ganze Himmel das mit. „Wenn zwei von euch hier auf der Erde meinen Vater im Himmel um etwas bitten wollen und sich darin einig sind, dann wird er es ihnen geben" (Matthäus 18,19).

Ihre Gebete haben Einfluss auf Gottes Handeln.

Schauen Sie sich zum Beweis einmal Elias Geschichte an. Er lebte 800 Jahre vor Christi Geburt. Das Nordreich hatte zwanzig Könige gehabt und jeder von ihnen war böse gewesen. Doch Ahab war noch schlimmer.

Sein Leben wird mit der folgenden traurigen Aussage zusammengefasst: „Es gab tatsächlich keinen König, der sich in solchem Maße dem Bösen verschrieben hatte wie Ahab. Seine Frau Isebel hatte ihn dazu verführt. Am abscheulichsten war sein Götzendienst. Er verehrte andere Götter, wie es die

Amoriter getan hatten, die der Herr für die Israeliten aus dem Land vertrieben hatte" (1. Könige 21,25–26).

Diese Ära war die finsterste Zeit in der Geschichte Israels. Die Anführer waren korrupt und die Herzen der Menschen kalt. Aber Kometen sieht man am deutlichsten vor einem schwarzen Nachthimmel. Und zu dieser dunklen Stunde erschien ein Komet namens Elia.

Der Name Elia bedeutet *Jaweh ist mein Gott*[16] und Elia wurde diesem Namen gerecht. Er lieferte König Ahab unaufgefordert einen Wetterbericht. „Ich schwöre bei dem Herrn, dem Gott Israels, dem ich diene: Es wird in den nächsten Jahren weder Regen noch Tau geben, bis ich es sage!" (1. Könige 17,1).

Elias Angriff zielte auf den Fruchtbarkeitsgott Baal ab, den seine Anhänger um Regen und gute Ernten anflehten. Elia ließ es auf eine Kraftprobe ankommen: der wahre Gott Israels gegen den falschen Gott der Heiden. Wie konnte Elia so sicher sein, dass es tatsächlich zu einer Dürre kommen würde? Weil er Gott darum gebeten hatte.

Neunhundert Jahre später erwähnte auch Jakobus die Gebete von Elia und wies auf ihren Vorbildcharakter hin. „Denn das Gebet eines Menschen, der nach Gottes Willen lebt, hat große Kraft. Elia war ein Mensch wie wir. Er betete inständig, es möge nicht regnen, und tatsächlich fiel dreieinhalb Jahre kein Wassertropfen auf das Land. Dann betete er um Regen. Da öffnete der Himmel seine Schleusen und die Erde wurde grün und brachte wieder ihre Früchte hervor" (Jakobus 5,16–18).

Jakobus war beeindruckt, dass ein gewöhnlicher Mensch ein so mächtiges Gebet sprechen konnte. „Elia war ein Mensch wie wir" (Vers 17), doch seine Gebete wurden erhört – aber nicht, weil er so wortgewandt betete, sondern weil er so ernsthaft betete. Es war kein beiläufiges oder bequemes Gebet, sondern eine radikale Bitte: „Herr, tu, was immer nötig ist", flehte Elia, „auch wenn das bedeutet, dass wir kein Wasser haben."

„Da befahl Ahab den Israeliten und allen Propheten, auf den Karmel zu kommen. Als alle versammelt waren, trat Elia vor die Menge und rief: ‚Wie lange noch wollt ihr auf zwei Hochzeiten tanzen? Wenn der Herr der wahre Gott ist, dann gehorcht ihm allein! Ist es aber Baal, dann dient nur ihm!' Das Volk sagte kein Wort" (1. Könige 18,20–21). Elia stellte die 450 Baalspriester und die Israeliten vor eine Entscheidung: *Wie lange wollt ihr noch auf zwei Hochzeiten tanzen?* Das Wort, das hier verwendet wird, bedeutet tatsächlich *tanzen* (Vers 26). *Ihr wollt mit Baal und mit Gott tanzen. Wie lange soll das so weitergehen?*

Was dann passiert, ist eine der großartigsten Geschichten in der Bibel. Elia sagte zu den 450 Baalspriestern: „Ihr nehmt einen Stier. Ich nehme einen Stier. Ihr baut einen Altar. Ich baue einen Altar. Ihr bittet euren Gott, Feuer zu schicken. Ich bitte meinen Gott, Feuer zu schicken. Der Gott, der mit Feuer antwortet, ist der wahre Gott."

Die Baalspriester waren einverstanden und fingen an zu beten und zu bitten.

Als es Mittag wurde, begann Elia zu spotten: „Ihr müsst lauter rufen, wenn euer großer Gott es hören soll! Bestimmt ist er gerade in Gedanken versunken, oder er musste mal austreten. Oder ist er etwa verreist? Vielleicht schläft er sogar noch, dann müsst ihr ihn eben aufwecken!" Vers 27

(Wäre das ein Kurs in Sachen Diplomatie gewesen, hätte Elia ihn nicht bestanden.) Obwohl die Baalspriester sich selbst verletzten und sich den ganzen Nachmittag wie wahnsinnig gebärdeten, passierte nichts. Schließlich beschloss Elia, dass er nun an der Reihe war. Er goss dreimal vier Krüge Wasser über den Altar (vergessen Sie nicht, dass Dürre herrschte!). Dann betete er.

„Herr, du Gott Abrahams, Isaaks und Israels! Heute sollen alle erkennen, dass du allein der Gott unseres Volkes bist. Jeder soll sehen, dass ich dir diene und dies alles nur auf deinen Befehl hin getan habe. Erhöre mein Gebet, Herr! Antworte mir, damit dieses Volk endlich einsieht, dass du, Herr, der wahre Gott bist und sie wieder dazu bringen willst, dir allein zu dienen." Verse 36–37

Achten Sie darauf, wie schnell Gott antwortete:

Da ließ der Herr Feuer vom Himmel fallen. Es verzehrte nicht nur das Opferfleisch und das Holz, sondern auch die Steine des Altars und den Erdboden darunter. Sogar das Wasser im Graben leckten die Flammen auf. Als die Israeliten das sahen, warfen sie sich zu Boden und riefen: „Der Herr allein ist Gott! Der Herr allein ist Gott!" Verse 38–39

Elia hatte noch nicht einmal um Feuer gebeten. Er erzählte Gott nur von seinem Anliegen, und – *wumms* – der Altar stand in Flammen. Gott gefiel Elias Gebet. Und Gott gefallen auch Ihre Gebete.

Aber warum? Warum sollten unsere Gebete so wichtig sein? Wir können ja nicht einmal einen Handwerker dazu bringen, uns zurückzurufen, warum sollte Gott uns dann zuhören?

Ganz einfach: Ihre Gebete sind Gott wichtig, weil Sie ihm wichtig sind. Sie sind nicht nur irgendjemand. Sie sind ein Kind Gottes.

Ein Freund von mir besitzt ein sehr erfolgreiches Unternehmen mit über 500 Mitarbeitern in einem Dutzend Bundesstaaten. Jeder Mitarbeiter ist ihm wichtig, aber drei von ihnen genießen eine Vorzugsbehandlung. Seine Söhne. Er hört sich zwar die Anliegen aller Mitarbeiter an, aber ihre sind ihm ganz besonders wichtig. Sie werden dazu ausgebildet, das Familienunternehmen weiterzuführen.

Das Gleiche gilt für Sie. Als Gott Sie errettet hat, hat er Sie gewissermaßen auch eingestellt. Er hat Ihnen nicht nur Vergebung für die Vergangenheit geschenkt, sondern auch Autorität über die Gegenwart und eine Aufgabe für die Zukunft.

Dieses Leben stellt unsere praktische Ausbildung für die Ewigkeit dar. Gott bereitet Sie darauf vor, im Himmel mit ihm zu herrschen. „Leiden wir hier mit ihm, werden wir auch mit ihm herrschen" (2. Timotheus 2,12). Wir werden „über die ganze Erde herrschen" (Offenbarung 5,10). Wir gehören zur Familie Gottes. Das Universum ist das Familienunternehmen, das wir leiten sollen. Wenn die Söhne meines Freundes ihn fragen: „Können wir eine Filiale in Topeka eröffnen?" oder: „Können wir ein neues Produkt in unsere Warenpalette aufnehmen?" oder: „Was hältst du davon, wenn wir einen neuen Buchhalter einstellen?", hört der Vater zu. Er hat ein berechtigtes Interesse an ihrer Entwicklung. Und unser himmlischer Vater hat ein berechtigtes Interesse an unserer Entwicklung. Wenn Sie als Kind Gottes dem Familienunternehmen Ehre machen wollen, hört Gott auf Ihre Bitten.

„Gott, bitte schenke mir einen tieferen Glauben, damit ich dir dienen kann."

„Gott, bitte gewähre mir eine Beförderung, damit ich dir Ehre machen kann."

„Gott, zeige uns, wo wir leben sollen, um deinem Namen die meiste Ehre zu machen."

„Gott, bitte stelle mir einen Ehepartner an die Seite, mit dem ich dir noch besser dienen kann."

Gott hört diese Gebete in dem Augenblick, in dem wir sie sprechen. Warum? Weil sie von seinem Kind kommen.

Wird Gott tun, worum Sie bitten? Vielleicht. Vielleicht tut er auch mehr, als Sie sich vorstellen können. Er weiß, was das Beste ist. Verlassen Sie sich einfach auf diese Zusage: „Das Gebet eines gerechten Menschen hat große Macht und kann viel bewirken" (Jakobus 5,16; NL). Es gibt immer Hoffnung, weil wir immer beten können.

Russische Christen haben auf dramatische Weise erlebt, dass diese Verheißung wirklich trägt. Achtzig Jahre lang wurden russische Christen im 20. Jahrhundert vom kommunistischen Regime systematisch verfolgt. Lehrer hielten in der Schule eine Bibel hoch und fragten die Kleinsten, ob sie so ein Buch zu Hause schon einmal gesehen hatten. Wenn eines der Kinder mit Ja antwortete, besuchte ein Regierungsbeamter die Familie. Pfarrer und Laienprediger wurden verhaftet und verschwanden spurlos. Die Regierung verlangte, dass die Pfarrer ihnen wöchentlich meldeten, ob neue Gottesdienstbesucher erschienen seien. Und sie mussten sich ihre Predigtthemen genehmigen lassen.

Dmitri war einer dieser russischen Christen. Er lebte mit seiner Familie in einem kleinen Dorf, das etwa vier Stunden von Moskau entfernt war. Die nächste Gemeinde war drei Tagesmärsche entfernt, sodass sie höchstens zweimal im Jahr in den Gottesdienst gehen konnten.

Dmitri fing an, seiner Familie biblische Geschichten und Bibelverse zu vermitteln. Als Nachbarn dies mitbekamen, baten sie darum, an diesen Bibelstunden teilnehmen zu können. Irgendwann war die Gruppe auf 25 Personen angewachsen und fiel den Regierungsbeamten auf. Diese verlangten, dass Dmitri die Bibelstunden sofort einstellte. Doch dieser weigerte sich.

Als die Gruppe auf 50 Personen angewachsen war, verlor Dmitri seinen Arbeitsplatz in der Fabrik, seine Frau durfte nicht länger unterrichten, und seine Söhne flogen von der Schule.

Trotzdem machte er weiter. Als die Versammlung 75 Personen zählte, reichte der Platz bei ihm zu Hause nicht mehr aus. Die Dorfbewohner quetschten sich in jeden Winkel des Hauses und standen vor den Fenstern, um diesem Mann Gottes zuzuhören. Eines Abends stürmte ein Trupp Soldaten die Versammlung. Einer von ihnen packte Dmitri und schlug ihn mehrmals ins Gesicht. Dann drohte er Dmitri, wenn er nicht aufhöre, würden noch schlimmere Dinge passieren.

Als der Soldat gehen wollte, stellte sich ihm eine alte Frau in den Weg und sagte mit erhobenem Zeigefinger: „Sie haben sich an einem Mann Gottes vergriffen. Das werden Sie *nicht* überleben!"

Zwei Tage später verstarb dieser Mann an einem Herzinfarkt.

Daraufhin setzten noch mehr Menschen ihr Vertrauen auf Gott und zum nächsten Treffen kamen 150 Menschen. Dmitri wurde verhaftet und zu siebzehn Jahren Haft verurteilt.

Seine Gefängniszelle war so klein, dass er nur einen Schritt von Wand zu Wand brauchte. Er war der einzige Gläubige unter 1500 Gefangenen. Die Wärter folterten ihn und seine Mitgefangenen verspotteten ihn. Aber er zerbrach nicht daran.

Jeden Morgen stand Dmitri bei Tagesanbruch an seinem Bett, das Gesicht nach Osten gerichtet, hob seine Hände und sang ein Loblied. Die anderen Gefangenen spotteten. Aber er sang trotzdem.

Wann immer er einen Fetzen Papier fand, kritzelte er aus dem Gedächtnis einen Bibelvers oder eine Geschichte darauf. Wenn das Blatt vollgeschrieben war, klebte er es an eine feuchte Säule in der Ecke seiner Zelle. Das war sein Opfer für Jesus. Die Wärter fanden diese Zettel immer wieder, entfernten sie und schlugen Dmitri. Trotzdem hörte er nicht auf, Gott anzubeten.

So ging es siebzehn Jahre lang. Nur einmal hätte er beinahe seinen Glauben verleugnet. Die Wachen hatten ihm vorgetäuscht, dass seine Frau umgebracht worden sei und seine Kinder unter der Vormundschaft des Staates stünden.

Diesen Gedanken konnte Dmitri nicht ertragen. Er willigte ein, seinen Glauben an Jesus Christus zu widerrufen. Die Wachen teilten ihm mit, dass sie am nächsten Tag mit einem Dokument wiederkämen, das er nur zu unterschreiben brauchte, dann wäre er frei.

Die Wärter waren siegessicher. Was sie nicht wussten, war, dass die Gebete gerechter Menschen große Macht haben und viel bewirken.

Es gab Menschen, die für Dmitri beteten. Eintausend Kilometer vom Gefängnis entfernt verspürte seine Familie in jener Nacht den Drang, für ihn zu beten. Sie knieten sich hin und baten leidenschaftlich darum, ihn zu schützen. Durch ein Wunder ließ Gott Dmitri die Stimmen seiner Lieben hören, als sie beteten. Jetzt wusste er, dass sie in Sicherheit waren.

Als die Wachen am nächsten Morgen kamen, um seine Unterschrift einzuholen, sahen sie einen völlig veränderten Mann vor sich. Sein Gesichtsausdruck war ruhig und er sah sie entschlossen an.

„Ich unterschreibe gar nichts!", erklärte er ihnen. „Heute Nacht hat Gott mich die Stimmen meiner Frau und meiner Kinder und meines Bruders hören lassen. Ich konnte hören, wie sie für mich beten. Ihr habt mich angelogen! Ich weiß jetzt, dass meine Frau lebt und dass es ihr gut geht. Ich weiß, dass meine Söhne bei ihr sind. Und ich weiß, dass sie immer noch an ihrem Glauben festhält. Deshalb werde ich nicht unterschreiben!"

Die Wärter schlugen ihn und drohten, ihn hinzurichten, aber Dmitris Entschlossenheit wuchs nur noch mehr. Er betete weiter jeden Morgen Gott an und klebte seine Verse an die Säule. Schließlich hatten die Verantwortlichen genug von ihm. Sie zerrten Dmitri aus seiner Zelle, schleiften ihn den Gang entlang in den Gefängnishof. Zum Hinrichtungsplatz. Als sie das taten, erhoben 1500 Gefangene die Hände und sangen das Loblied, das sie jeden Morgen von Dmitri gehört hatten.

Die Wärter ließen ihn los und wichen zurück. „Wer bist du?"

„Ich bin ein Sohn des lebendigen Gottes, und sein Name ist Jesus!" Die Wärter waren so verblüfft, dass sie Dmitri in seine

Zelle zurückbrachten. Einige Zeit später wurde er entlassen und konnte zu seiner Familie zurückkehren.[17]

Sie werden wahrscheinlich nie in einem russischen Gefängnis sitzen, aber vielleicht geraten Sie in eine ausweglose Situation, in der Sie sich unterlegen fühlen. Sie haben das Gefühl, Ihrer Notlage nichts entgegensetzen zu können, und würden am liebsten aufgeben. Lernen Sie die Verheißung dieses Kapitels auswendig, und bitten Sie Gott, Sie dann daran zu erinnern. Schreiben Sie sie auf einen Zettel, und hängen Sie diesen an eine Stelle, wo Sie immer wieder darüber stolpern. Tätowieren Sie sie, wenn nicht auf die Haut, dann wenigstens auf Ihr Herz: „Das Gebet eines gerechten Menschen hat große Macht und kann viel bewirken" (Jakobus 5,16; NL).

Das Gebet muss nicht unsere letzte Zuflucht sein, sondern darf unser erster Schritt sein. Gott hat mehr Macht und mehr Kraft, als Sie je erlebt haben. Er freute sich über Elias Gebet und erhörte es. Gott freute sich über die Gebete von Dmitri und seiner Familie und erhörte sie. Gott freut sich auch über Ihre Gebete und wird sie erhören.

Und jetzt muss ich mich entschuldigen. Ich muss mich um einige geschäftliche Angelegenheiten kümmern. Ich muss mal nach *DMAX*, *Max Factor* und *Maxdome* schauen. Es ist nicht leicht, der Kopf dieser Unternehmen und immer auf dem Laufenden zu sein.

.... Kapitel 6 ....

Gnade für die Demütigen

Gott stellt sich den Stolzen entgegen, den Demütigen aber schenkt er Gnade.
1. Petrus 5,5 (NL)

....

Wenn er nicht gerade mit seinem Privatjet den Atlantik überquerte oder den Sonnenuntergang vom Deck einer seiner Jachten aus beobachtete, führte er ein luxuriöses Leben in seiner fast 1000 Quadratmeter großen Penthouse-Wohnung in der Lexington Avenue in New York.

Seine Jacht „Bull" kostete sieben Millionen Dollar, sein Jet 24 Millionen Dollar. Er hatte ein Haus in Frankreich, ein Strandhaus in Montauk und ein Domizil in Palm Beach. Er besaß Boote und Autos, seine Frau Pelzmäntel und Designer-Handtaschen, wertvolles Porzellan und teures Tafelsilber. Wenn es um die Innenausstattung ihrer Wohnung ging, scheute sie keine Kosten. An den Wänden hingen goldene Leuchter. Perserteppiche lagen auf dem Boden. Griechische und römische Statuen wetteiferten um die Aufmerksamkeit der Gäste.

Jeder wollte ihn kennenlernen. Die Menschen standen Schlange, um ihm die Hand zu schütteln, darunter so berühmte Persönlichkeiten wie der Regisseur Steven Spielberg und der Schriftsteller Elie Wiesel. Wer in seinem Büro in Manhattan stand, stand im Epizentrum unternehmerischen Erfolgs.

Zumindest schien es so bis zum Morgen des 10. Dezember 2008. An jenem Tag war die Farce vorüber. An jenem Tag gestand Bernie Madoff, der berüchtigtste Betrüger unserer Zeit, seiner Frau und seinen beiden Söhnen, dass alles nur „ein riesiges Schneeballsystem ... eine einzige gigantische Lüge" gewesen war.[18]

Während der nächsten Tage, Wochen und Monate wurden der Öffentlichkeit das erschütternde Ausmaß des Betruges bekannt. Madoff hatte zwanzig Jahre lang ein gigantisches Schneeballsystem aufgezogen. Es war der größte Finanzbetrug in der Geschichte Amerikas. Er hatte die Menschen um Milliarden von Dollar gebracht.

Sein Absturz hatte schon biblische Ausmaße. Innerhalb kürzester Zeit wurde ihm alles genommen: Er hatte kein Geld, keine Zukunft, keine Familie mehr. Einer seiner Söhne nahm sich das Leben. Seine Frau zog sich völlig aus der Öffentlichkeit zurück. Und der 71 Jahre alte Bernie Madoff wurde dazu verurteilt, den Rest seines Lebens als Gefangener Nummer 61727-054 im Bundesgefängnis von Butner, North Carolina, zu verbringen.

Warum hatte er diesen Betrug begangen? Was bringt einen Menschen dazu, jahrzehntelang eine Lüge zu leben? Was hatte Madoff davon gehabt?

Um es mit einem Wort zu sagen: Status. Einer seiner Biografen schreibt:

Als Kind wurde er wegen seines angeblich niedrigen Intellekts abgelehnt und gedemütigt. ... Er wurde reihenweise von den Mädchen zurückgewiesen ... in der Schule immer wieder zurückgestuft. ...

Aber wenn es ums Geldverdienen ging, konnte ihm niemand das Wasser reichen, und damit erreichte er den Status, der ihm früher versagt geblieben war.[19]

Status. Madoff war süchtig nach Schmeicheleien. Er war von Anerkennung abhängig. Er wollte, dass die Menschen ihm

Beifall klatschten, und das Geld war sein Weg, sich diesen Beifall zu verdienen. Er kämpfte sich ganz nach oben und musste dann entdecken, dass der Gipfel des Erfolgs überfüllt war und dass man schneller wieder herabglitt als gedacht. Wenn er doch nur diese Verheißung gekannt hätte: „Gott stellt sich den Stolzen entgegen, den Demütigen aber schenkt er Gnade" (1. Petrus 5,5; NL).

An Madoffs Geschichte kann man ablesen, wie viel Wahrheit in diesem Vers steckt. Aber wenn Sie einen noch dramatischeren Sturz sehen wollen, dann schlagen Sie in Ihrer Bibel das Buch Daniel auf und lesen Sie die Geschichte von Nebukadnezar. Der Wohlstand und der Absturz eines Bernie Madoff sind nur Peanuts im Vergleich zu den unendlichen Reichtümern und dem freien Fall des Herrschers des antiken Babyloniens.

605 v. Chr. eroberte er mit seinen Truppen Jerusalem. Unter seinen hebräischen Gefangenen befanden sich vier junge Männer namens Daniel, Schadrach, Meschach und Abed-Nego. Einige Jahre später ließ er eine fast dreißig Meter hohe goldene Statue zu seiner Ehre erbauen und befahl, dass alle sich davor verneigen sollten. Schadrach, Meschach und Abed-Nego weigerten sich jedoch. Also ließ der König den Feuerofen siebenmal so heiß schüren wie gewöhnlich und warf sie hinein. Als sie völlig unversehrt wieder heraustraten, war er verblüfft. Aber erkannte König Nebukadnezar dadurch, dass es jemanden gab, der mächtiger war als er?

Leider nicht.

Die Jahre vergingen. Das Land erfreute sich einer Zeit des Friedens und Wohlstandes. Nebukadnezar hielt sich seine Feinde vom Leib. Sein Reichtum war gesichert. Doch irgendwann hatte er einen Traum, den seine Wahrsager nicht deuten konnten. Daniel hingegen schon. Der König beschrieb den Traum folgendermaßen:

„Ich träumte, in der Mitte der Erde stehe ein Baum von gewaltiger Höhe. Er wuchs und wurde immer größer, bis sein Wipfel den Himmel berührte. Noch vom äußersten Ende der Erde aus konnte man ihn sehen. Er besaß prächtige Blätter und trug viele Früchte. Den wilden Tieren bot er Schatten und Schutz, in seinen Zweigen nisteten die Vögel. Alle Menschen und Tiere ernährten sich von seinen Früchten." Daniel 4,7–9

Dann beschrieb Nebukadnezar, wie der Baum von einem Himmelsboten gefällt wurde. Seine Zweige wurden abgeschnitten und die Früchte verstreut und nur der Stumpf blieb stehen. Dann verkündete eine Stimme vom Himmel:

„Der Mensch, den dieser Wurzelstock darstellt, soll vom Tau durchnässt werden und sich wie ein Tier von Gras ernähren. Er wird seinen menschlichen Verstand verlieren und einem Tier gleichen. Sieben Zeiträume lang soll dies dauern!" Verse 12–13

Daniel hörte sich den Traum an und musste schlucken. Was er gehört hatte, erstaunte und beunruhigte ihn zugleich.

Zu diesem Zeitpunkt gab es niemanden, der Nebukadnezar ebenbürtig war. Er war der unumstrittene Herrscher der bekannten Welt. Babylon erhob sich aus der Wüste wie die Skyline von Manhattan. Die hängenden Gärten von Babylon, die er für seine Frau erbaut hatte, zählen zu den sieben Weltwundern der Antike. Die Mauern seines Palastes waren fast 100 Meter hoch und 25 Meter dick. Zwei vierspännige Kriegswagen konnten darauf nebeneinander fahren.[20] Der mächtige Euphrat floss durch die Stadt. Während der 43 Jahre dauernden Herrschaft von Nebukadnezar wuchs die Einwohnerzahl von Babylon und den umliegenden Ortschaften auf eine halbe Million.[21] Der König war sowohl Öl-Magnat als auch Herrscher und Hedgefonds-Milliardär. Wenn er heute leben würde, stünde er ganz oben auf der Forbes-Liste der reichsten Menschen dieser Welt.

Aber all das sollte zu Ende gehen.

Daniel erklärte ihm:

„Dieser Baum bist du, mein König! [...] Man wird dich aus der menschlichen Gemeinschaft ausstoßen, und du musst unter den Tieren hausen. Du wirst Gras fressen wie ein Rind und nass werden vom Tau. Erst wenn sieben Zeiträume vergangen sind, wirst du erkennen: Der höchste Gott ist Herr über alle Königreiche der Welt. Er vertraut die Herrschaft an, wem er will. Du hast gehört, wie der Engel befahl, den Wurzelstock stehen zu lassen. Dies bedeutet: Du darfst wieder als König regieren, wenn du Gott als Herrn anerkennst." Verse 19.22–23

Nebukadnezar hatte gedacht, er hätte das Sagen. Er war fest davon überzeugt, dass er sein Land regierte, vielleicht sogar die ganze Welt.

Daniel drängte ihn dazu, umzukehren und sein Verhalten zu ändern:

„Nimm meinen Rat an, o König! Sag dich von allem Unrecht los und tu Gutes! Mach deine Verfehlungen wieder gut, indem du den Armen hilfst! Dann wird es dir vielleicht auch in Zukunft gut gehen." Vers 24

Und änderte sich Nebukadnezar?

„Ein Jahr später ging ich auf dem Dach meines Palasts auf und ab. Dabei dachte ich: ‚Da zu meinen Füßen liegt Babylon, die herrliche Stadt! Mir zu Ehren zeigt sie ihre ganze Pracht. Ich habe sie zu meiner Residenz ausgebaut, denn ich bin ein großer und mächtiger König!'" Verse 26–27

Gott gewährte dem König ein ganzes Jahr, um von seinem hohen Ross herunterzukommen. Aber Nebukadnezar ändert sich nicht. Die Personalpronomen nahmen überhand: *„Mir* zu Ehren", *„Ich* habe sie ausgebaut", *„Ich* bin ein großer und mächtiger König". Im Leben des Königs drehte sich alles nur um den König.

Gott hatte ihm mindestens dreimal eine Warnung zukommen lassen. Die Botschaft des Feuerofens lautete: *Gott ist mächtiger als das Feuer.* Die Botschaft des Traums: *Was heute noch ein mächtiger Baum ist, wird morgen schon ein hässlicher Stumpf sein.* Und Daniels Warnung lautete: *Beuge dich vor Gott, bevor es zu spät ist.*

Doch Nebukadnezar weigerte sich, diesen Warnungen Gehör zu schenken.

Noch war das Wort im Mund des Königs, da kam eine Stimme aus dem Himmel: Dir, König Nebukadnezar, wird gesagt: Das

Königtum ist von dir gewichen! Und man wird dich von den Menschen ausstoßen, und bei den Tieren des Feldes wird deine Wohnung sein; man wird dir Gras zu essen geben wie den Rindern. Verse 28–29

Der König wurde zur antiken Version von Howard Hughes, eines exzentrischen Unternehmers: lange Fingernägel, wirres Haar, animalische Züge.

Er wurde von den Menschen ausgestoßen und aß Gras wie die Rinder, und sein Leib wurde benetzt vom Tau des Himmels, bis sein Haar wie Adlerfedern wuchs und seine Nägel wie Vogelkrallen. Vers 30

Wenn die Mächtigen fallen, ist auch ihr Fall mächtig. Gerade noch war er auf der Titelseite der Zeitschrift *Time* gewesen, und im nächsten Augenblick hatte man ihn verjagt, als sei er ein wildes Tier. Und wir können daraus lernen: Gott lehnt Stolz zutiefst ab.

Kennst du jemanden, der sich selbst für weise hält? Ich sage dir: Für einen Dummkopf gibt es mehr Hoffnung als für ihn!
Sprüche 26,12

Wehe denen, die sich selbst für klug und verständig halten!
Jesaja 5,21

Der Herr verabscheut die Hochmütigen. Sprüche 16,5

Ich verachte Stolz und Hochmut, ein Leben voller Bosheit und Lüge ist mir ein Gräuel! Sprüche 8,13

Hochmut zieht Schande nach sich ... Sprüche 11,2

Warum so heftige Ausdrücke? Warum diese pauschale Verurteilung? Wie lässt sich Gottes Abscheu vor einer stolzen Haltung erklären?

Die Antwort ist einfach: Gott lehnt stolze Menschen ab, weil stolze Menschen meinen, dass sie Gott nicht brauchen. Arroganz macht gewissermaßen steife Knie, sodass sie sich nicht beugen können. Sie verhärtet das Herz, sodass der Betreffende nicht erkennt, wo er von Gottes Weg abgekommen ist. Jemand, der stolz ist, ist nicht bereit, sein Verhalten zu ändern und um Vergebung zu beten. Oder um es genauer zu sagen: Der Stolze sieht überhaupt nicht ein, dass er etwas getan hätte, das man ihm vergeben müsste. Stolz ist das Riff, an dem die Seele zerschellt.

Stolz verhindert nicht nur die Versöhnung mit Gott, sondern auch mit anderen Menschen. Wie viele Ehen sind schon unter der Last von Stolz zerbrochen? Wie viele Entschuldigungen wurden nie ausgesprochen, weil jemand nicht demütig war? Wie viele Kriege sind schon auf dem felsigen Boden der Arroganz ausgebrochen?

Stolz verlangt uns einen stolzen Preis ab. Passen Sie auf, dass Sie ihn nicht zahlen müssen. Entscheiden Sie sich lieber für das Angebot der Gnade. „Gott stellt sich den Stolzen entgegen, den Demütigen aber schenkt er Gnade" (1. Petrus 5,5; NL). So sehr Gott den Hochmut hasst, so sehr liebt er die Demut. Der

Grund ist einfach: Der Demütige tut gern, was der Stolze nie tun wird. Jemand, der demütig ist, gibt gern zu, dass er Gott braucht, er gesteht bereitwillig ein, wo er schuldig geworden ist, und beugt sich Gott.

Für die Demütigen hat Gott einen ganz besonderen Platz.

Der Herr ist groß, und doch sorgt er für die Demütigen, von den Stolzen aber hält er sich fern. Psalm 138,6 (NL)

Denn so spricht der Hohe und Erhabene, der in der Ewigkeit wohnt, der, dessen Name der Heilige ist: „Ich wohne an der hohen, heiligen Stätte und bei denen, die einen zerschlagenen und gedemütigten Sinn haben, um die Gedemütigten neu zu beleben, und die zerschlagenen Herzen wieder aufleben zu lassen." Jesaja 57,15 (NL)

Im Land der Demut genießt man wunderbare Freiheit. Ich habe das vor einiger Zeit erlebt, als ich in einem Kreis mit anderen zusammensaß. Wir waren zwanzig Personen. Rechts von mir saß eine Kosmetikerin, links ein Rechtsanwalt. Einer war tätowiert, ein anderer kam im grauen Jogginganzug. Einer kam auf einer Harley. Ein Ehepaar traf etwas später ein. Mehrere hatten schlechte Laune. Alle Altersgruppen waren vertreten. Männer und Frauen. Verschiedene ethnische Abstammungen. Wir waren ein bunt zusammengewürfelter Haufen. Mit einer einzigen Ausnahme hatten wir nichts gemeinsam.

Aber diese eine Ausnahme war bedeutsam. Wir waren alle geständige Gesetzesbrecher. Jeder von uns hatte das Gesetz übertreten. Alle hatten eine Vorladung bekommen. Und nun saßen wir hier in einem Kurs zum Thema „Defensives Fahrverhalten".

Ich hatte mich die ganze Woche vor diesem Tag gefürchtet. Wer will schon seinen Samstag mit einem Haufen wildfremder Menschen verbringen und mit ihnen die Straßenverkehrsordnung durchgehen? Aber ich war überrascht. Nach kurzer Zeit waren wir gute Freunde. Schon bei der Vorstellungsrunde wurden Freundschaften geschlossen. Der Reihe nach nannten wir unsere Namen und unser Vergehen.

„Mein Name ist Max. Ich bin in der 50er-Zone 70 gefahren."

„Ich bin Sue. Ich habe gewendet, wo es eigentlich verboten war."

„Hallo, ich bin Bob. Ich habe im Überholverbot überholt."

Bei jeder Vorstellung nickten und stöhnten alle anderen oder wischten sich Tränen vom Gesicht. Wir teilten den Schmerz der anderen.

Hier gab es keine Masken. Keine Ausflüchte. Keine Spielchen. Verkleidungen mussten am Eingang abgegeben werden. Die Entschuldigungen hatten wir zu Hause gelassen. Schauspielerei und Schwindeleien waren überflüssig. Wir konnten unser Versagen genauso gut einfach zugeben und den Rest des Tages genießen. Also taten wir genau das, und weil wir demütig waren, waren wir diese Last losgeworden und fühlten uns erleichtert. Und genau das ist Gottes Plan für uns Menschen.

Gott begegnet den Demütigen mit Gnade, weil die Demütigen sich nach Gnade sehnen.

Ich frage mich, ob Sie bereit wären, gemeinsam mit mir Buße zu tun – Buße für unsere Überheblichkeit. Was könnten wir tun, das Gott nicht schon getan hat? Was haben wir, das

Gott uns nicht gegeben hat? Hat irgendjemand schon einmal etwas gebaut, das Gott nicht zerstören könnte? Haben wir irgendetwas in Gang gesetzt, das der Schöpfer der Sterne nicht stoppen könnte?

„Mit wem also wollt ihr mich vergleichen?", fragt der heilige Gott. „Wer hält einem Vergleich mit mir stand?" Blickt nach oben! Schaut den Himmel an: Wer hat die unzähligen Sterne geschaffen? Er ist es! Er ruft sie, und sie kommen hervor; jeden nennt er mit seinem Namen. Kein einziger fehlt, wenn der starke und mächtige Gott sie antreten lässt. Jesaja 40,25–26

Ich liebe den Witz über den Wissenschaftler, der sich mit Gott messen wollte. Er blickte hinauf zum Himmel und verkündete: „Hör mal, Gott, ich brauche dich nicht länger. Ich kann Menschen klonen, Organe transplantieren und alle möglichen anderen Dinge tun, die man früher mal für Wunder gehalten hat. Ich brauche dich auch nicht, um etwas Neues zu erschaffen."

Gott nahm die Herausforderung an. „Gut", sagte er zu dem Witzbold. „Lass mal sehen, was du kannst. Dann erschaffe doch mal einen Menschen."

Der Mann bückte sich und nahm eine Handvoll Erde. Aber noch bevor er damit etwas machen konnte, unterbrach Gott ihn: „Du hast doch gesagt, du kannst das Gleiche tun, was auch ich tun kann?"

„Allerdings."

„Dann nimm deine eigene Erde", wies Gott ihn zurecht.

Demut ist gesund, weil sie ehrlich ist.

Demut braucht keine Ausflüchte.

Vor einiger Zeit habe ich mit dem Musiker Michael W. Smith anlässlich eines Wochenendevents in Asheville, North Carolina, zusammengearbeitet. Das Wochenende wurde auf dem wunderschönen Gelände der *Billy Graham Evangelistic Association* veranstaltet, das den Namen *The Cove* trägt.

Einige Stunden vor Beginn der Veranstaltung trafen Michael und ich uns, um den Zeitplan für das Wochenende durchzugehen. Aber Michael war so ergriffen von dem, was er gerade erlebt hatte, dass er kaum über das bevorstehende Wochenende sprach. Er hatte sich nämlich gerade mit Billy Graham getroffen. Damals war der berühmte Evangelist 94 Jahre alt und machte sich Gedanken darüber, was man wohl auf seiner Beerdigung über ihn sagen würde. Er erzählte Michael, dass er hoffte, sein Name würde nicht erwähnt werden.

„Warum denn das?", fragte Michael.

„Ich hoffe, dass alle nur über Jesus sprechen."

Billy Graham hat vor 215 Millionen Menschen live gepredigt und zu Hunderten von Millionen durch die unterschiedlichen Medien gesprochen. Auf jedem Kontinent hat er ganze Stadien gefüllt. Er hat jeden US-Präsidenten von Truman bis Obama beraten. Er stand ständig auf der Liste der am meisten bewunderten Menschen. Aber trotzdem wollte er auf seiner eigenen Beerdigung nicht erwähnt werden.

Könnte es sein, dass wir endlich begreifen, wie klein wir sind, wenn wir erkennen, wie groß Gott ist?

Gott wird die Stolzen demütigen, aber die Demütigen wird er gebrauchen.

Auch König Nebukadnezar musste seine Lektion lernen. Es dauerte sieben Jahre, aber dann hatte er sie begriffen.

Als die lange Zeit schließlich zu Ende ging, schaute ich hilfesuchend zum Himmel empor, und da erlangte ich meinen Verstand wieder. Ich pries den höchsten Gott, ich lobte den, der ewig lebt.
[...]
Nun lobe und preise ich, Nebukadnezar, den König, der im Himmel regiert. Ihm gebe ich die Ehre! Er ist zuverlässig und gerecht in allem, was er tut. Wer aber stolz und überheblich ist, den kann er stürzen. Daniel 4,31.34

Sie sollten sich den letzten Satz vielleicht unterstreichen: *Wer aber stolz und überheblich ist, den kann er stürzen.* Es ist besser, selbst demütig zu sein, als das Risiko einzugehen, dass Gott einen demütig macht.

·························· Kapitel 7 ··························

Gott versteht Sie

Dieser Hohe Priester versteht unsere Schwächen.
Hebräer 4,15 (NL)

An einem wunderschönen Nachmittag im April 2008 traten zwei College-Softballmannschaften der Frauen unter dem blauen Himmel des Kaskadengebirges gegeneinander an – eine kam aus Oregon, die andere stammte aus dem US-Bundesstaat Washington. Auf dem eingezäunten Spielfeld, vor einhundert Fans, kam es zum Entscheidungsspiel. Der Sieger würde ins Endspiel einziehen, der Verlierer würde die Handschuhe an den Nagel hängen und nach Hause fahren.

Die *Western Oregon Wolves* hatten eine starke Mannschaft mit sieben großartigen Schlagfrauen. Leider war Sara Tucholsky keine davon. Sie spielte an diesem Tag nur, weil die Stammspielerin im vorangegangenen Spiel gepatzt hatte. Sara hatte noch nie einen Homerun geschlagen. Aber an diesem Samstag, als bereits zwei ihrer Teamkolleginnen auf Bases standen, traf sie einen Curveball und drosch ihn weit über den Zaun auf der linken Spielfeldseite.

Vor lauter Aufregung verpasste Sara die erste Base. Ihr Trainer schrie ihr zu, sie solle umdrehen und die Base berühren. Als sie kehrtmachte, knackte es in ihrem Knie, und sie stürzte. Sie schleppte sich zur Base zurück, zog das Knie vor Schmerzen an und fragte den Trainer an der ersten Base: „Was soll ich tun?"

Der Schiedsrichter war sich nicht sicher. Er wusste, dass sie draußen war, wenn ihre Mannschaftskameradinnen ihr halfen. Sara wusste, dass sie nicht stehen konnte. Ihre Mannschaft durfte ihr nicht helfen. Ihr Bein trug sie nicht mehr. Wie sollte sie es zur letzten Base schaffen? Die Schiedsrichter berieten sich.[22]

Und während die Verantwortlichen sich noch beraten und Sara vor sich hin stöhnt, würde ich gern einen Vergleich ziehen. Vielleicht liegt es an dem Prediger in mir, aber ich sehe Parallelen zwischen Sara Tucholsky und uns: Auch wir sind gestrauchelt. Nicht im Baseball, aber im Leben. Über unsere Moral, unsere Aufrichtigkeit, unsere Integrität. Wir haben unser Bestes gegeben und sind dann gestolpert und gestürzt. Obwohl wir alle möglichen Anstrengungen unternommen haben, sind wir auf die Nase gefallen. Wir sind genauso schwach wie Sara – nicht, weil unsere Bänder gerissen sind, sondern weil unser Herz gebrochen, unser Geist müde und unsere Vision verblasst ist. Die Entfernung zwischen dem Ort, an dem wir jetzt sind, und dem Ort, an dem wir sein möchten, ist unüberwindlich. Was sollen wir tun? An wen sollen wir uns wenden?

Ich schlage vor, dass wir uns an eine der für mich schönsten Verheißungen halten:

Dieser Hohe Priester versteht unsere Schwächen, weil ihm dieselben Versuchungen begegnet sind wie uns, doch er wurde nicht schuldig. Lasst uns deshalb zuversichtlich vor den Thron unseres gnädigen Gottes treten. Dort werden wir Barmherzigkeit empfangen und Gnade finden, die uns helfen wird, wenn wir sie brauchen. Hebräer 4,15–16 (NL)

Wir haben einen Hohen Priester, der uns versteht. Und weil er uns versteht, stehen uns Barmherzigkeit und Gnade zur

Verfügung, wenn wir genau das brauchen. Wir müssen nicht schwach am Boden liegen. Er vergisst uns nicht, wenn wir fallen. Er lässt uns nicht im Stich, wenn wir stolpern. Unser Gott fängt uns auf.

In Theologiebüchern finden wir diese Verheißung unter der Überschrift „Inkarnation". Der faszinierende Gedanke dahinter ist folgender: Gott wurde für eine Zeit lang einer von uns. „Das Wort wurde Mensch und lebte unter uns. Wir selbst haben seine göttliche Herrlichkeit gesehen, eine Herrlichkeit, wie sie Gott nur seinem einzigen Sohn gibt. In ihm sind Gottes Gnade und Wahrheit zu uns gekommen" (Johannes 1,14).

Gott wurde in der Gestalt von Jesus Christus Mensch. Er wurde durch ein Wunder gezeugt, aber er kam auf natürliche Art zur Welt. Er wurde geboren, aber von einer Jungfrau.

Wäre Jesus einfach in Gestalt eines mächtigen Wesens auf die Erde gekommen, hätten wir zwar Respekt vor ihm, würden uns ihm aber niemals nahe fühlen. Denn wie könnte Gott dann je verstehen, was es heißt, Mensch zu sein?

Wäre Jesus auf dem normalen Weg gezeugt worden, durch zwei irdische Eltern, würden wir uns ihm zwar nahe fühlen, aber würden wir ihn dann auch anbeten? Schließlich wäre er bloß ein Mensch wie du und ich.

Aber wenn Jesus beides ist – gleichzeitig Gott und Mensch – haben wir in ihm das Beste aus beiden Welten. Er ist ganz Mensch und ganz Gott, ohne Einschränkungen. Weil er Ersteres ist, fühlen wir uns ihm nah. Und weil er Letzteres ist, beten wir ihn an.

Das ist auch die Botschaft von Kolosser 1, Verse 15 und 16:

Christus ist das Ebenbild des unsichtbaren Gottes. Als sein Sohn steht er über der ganzen Schöpfung und war selbst schon längst vor ihr da. Durch ihn ist alles erschaffen, was im Himmel und auf der Erde ist: Sichtbares und Unsichtbares, Königreiche und Mächte, Herrscher und Gewalten. Ja, alles ist durch ihn geschaffen und vollendet sich schließlich in ihm.

Als Jesus Mensch wurde, ging nicht ein bisschen von seiner Göttlichkeit verloren. Obwohl er als Mensch auftrat, war er doch Gott. Die ganze Fülle Gottes, jedes kleinste bisschen, war in Jesus. „Denn Gott hat beschlossen, mit seiner ganzen Fülle in ihm zu wohnen" (Kolosser 1,19). Der Erschaffer der Sterne baute also eine Zeit lang Tische und Stühle in Nazareth.

Jesus sah zwar aus wie ein Mensch, aber diejenigen, die ihm am nächsten standen, wussten, dass er immer wieder seiner Göttlichkeit freien Lauf ließ und Dinge sagte, die nur Gott sagen kann. Die Umstehenden konnten dann nur noch sprachlos zurückweichen und fragen: „Was ist das für ein Mensch? Selbst Wind und Wellen gehorchen ihm!" (Matthäus 8,27).

Vor einigen Jahren hatte man mich eingeladen, auf einer einwöchigen Bibelfreizeit zu lehren. Es gibt viele Gründe, weshalb ich mich an diese Veranstaltung besonders erinnere. Das Essen war fantastisch. Die Lage war atemberaubend – die Freizeit fand an der Küste statt. Ich lernte neue Leute kennen und freundete mich mit vielen an. Aber eines werde ich nie vergessen: das Basketballspiel am Freitagabend.

Wir kamen auf die Idee, als David eintraf. Die Teilnehmer wussten nicht, dass er kommen würde, aber als er den Raum betrat, wussten alle sofort, wer er war: David Robinson. Einer der ganz großen Stars der NBA, bereits als bester Spieler ausgezeichnet, dreifacher Olympiateilnehmer, zweifacher Goldmedaillen-Gewinner, Mitglied des Dream Teams, zweifacher Meister, Sieger der College-Meisterschaften. Zwei Meter fünfzehn pures Talent. Durchtrainierter Körper, herausragende Fähigkeiten, eine Basketball-Intelligenzbestie, eine Legende.

Am Ende des ersten Tages fragte mich jemand: „Meinst du, er würde mit uns Basketball spielen?" „Uns", das war ein Sammelsurium aus untersetzten, ernsthaft bemühten, aber völlig untrainierten Männern mittleren Alters. Plumpe Gestalten, armselige Fähigkeiten, Basketball-IQ knapp unter dem eines Eichhörnchens.

Trotzdem sprach ich David darauf an. Und David sagte sehr nachsichtig Ja.

Wir beschlossen, dass das Spiel – *das Spiel* – am Freitagabend stattfinden sollte, dem letzten Abend der Freizeit. Während der große Tag immer näher rückte, wurden die Bibelstudiengruppen immer kleiner, aber die Anzahl der Menschen auf dem Spielfeld immer größer. Männer, die seit ihrer Schulzeit keinen Basketball mehr in der Hand gehabt hatten, warfen plötzlich stundenlang Körbe. Nun, sie versuchten es zumindest, allerdings wurde der Korb dabei nicht gerade beansprucht.

Am Abend des Spiels – *des Spiels* – kam David zum ersten Mal in dieser Woche aufs Spielfeld. Als er sich warm machte, hörten alle anderen auf. Der Ball sah in seiner Hand aus wie ein Tennisball in meiner. Während er dribbelte, den Ball auf dem Zeigefinger drehte und ihn hinter seinem Rücken von einer Hand in die andere wechselte, unterhielt er sich nebenbei mit den Teilnehmern. Als das Spiel angepfiffen wurde, war es, als spielte David mit Kindern. Obwohl er sich merklich zurückhielt, machte er doch einen Schritt, während wir zwei machten. Er fing den Ball mit einer Hand statt mit beiden. Wenn er den Ball warf, war das eher ein Geschoss als ein Pass. Er spielte auf einem Niveau, von dem wir nur träumen konnten.

Auf einmal, nur so zum Spaß, vermute ich, legte er los. Der gleiche Kerl, der den Ball über die Köpfe von Michael Jordan und Charles Barkley hinweg mit einem Dunking in den Korb gelegt hatte, drehte jetzt auf. Mit drei langen Schritten rannte er von der Mitte des Feldes zum Korb. Sein untersetzter Gegenspieler mittleren Alters ging aus dem Weg, als er regelrecht angeflogen kam. Den Korbrand auf Augenhöhe, warf er den Ball so hinein, dass das ganze Brett dahinter wackelte.

Wir schluckten.

David lächelte.

Wir verstanden. So spielt man das Spiel eigentlich. Wir standen vielleicht auf dem gleichen Spielfeld, aber wir hatten nicht die gleiche Kraft oder die gleichen Fähigkeiten.

Ich glaube, die Nachfolger von Jesus dachten vermutlich das Gleiche, als Jesus die Dämonen aus dem Mann austrieb und diese daraufhin verschwanden. Als Jesus dem Sturm befahl zu schweigen und der es tatsächlich tat. Als Jesus dem toten Jüngling oder dem toten Mädchen befahl aufzustehen und den toten Lazarus aus dem Grab rief und sie gehorchten.

„Denn Gott hat beschlossen, mit seiner ganzen Fülle in ihm zu wohnen" (Kolosser 1,19). Jesus war Gottheit in Reinkultur.

Kein Wunder, dass ihm niemand widersprach, als er erklärte: „Ich habe von Gott alle Macht im Himmel und auf der Erde erhalten" (Matthäus 28,18).

Sie glauben, dass der Mond Ebbe und Flut beeinflusst? Das tut er. Aber Jesus Christus lenkt den Mond. Sie glauben, dass die USA eine Weltmacht sind? Die USA haben nur so viel Macht, wie Jesus Christus ihnen gibt und nicht mehr. Er hat Macht über alles. Und das schon von Anfang an.

Und trotz dieser erhabenen Stellung war Jesus bereit, eine Zeit lang alle Privilegien aufzugeben, die mit seiner göttlichen Natur einhergehen, und Mensch zu werden.

Er kam auf die gleiche Weise zur Welt wie alle Kinder. Er hatte eine ganz gewöhnliche Kindheit. „So wuchs Jesus heran, und seine Weisheit nahm zu. Je älter er wurde, desto mehr Ansehen fand er bei Gott und bei den Menschen" (Lukas 2,52). Sein Körper entwickelte sich. Seine Muskeln wurden kräftiger. Seine Knochen wuchsen. Es gibt keinerlei Hinweise darauf, dass ihm die Unannehmlichkeiten der Pubertät erspart blieben. Vielleicht war er in dieser Zeit schlaksig oder unattraktiv. Er hatte hin und wieder Muskelkater und wusste, wie weh es tut, wenn Salz in eine offene Wunde gestreut wird. Als Erwachsener war er müde genug, um sich an einen Brunnen zu setzen (Johannes 4,6), und schläfrig genug, um in einem schaukelnden Boot einzuschlafen (Markus 4,35–38). In der Wüste war er hungrig und am Kreuz durstig. Als die Soldaten ihm die Nägel durch die Hände trieben, meldeten Tausende von Nervenenden unsagbare Schmerzen an sein Gehirn. Als er matt am Kreuz hing, rangen seine menschlichen Lungen bei jedem Atemzug nach Luft.

Das Wort wurde Fleisch.

Ist die Verheißung dieses Kapitels wichtig? Wenn Sie sich schon einmal gefragt haben, ob Gott Sie wirklich versteht, dann auf jeden Fall. Wenn Sie sich fragen, ob Gott Sie hört, dann ja. Wenn Sie sich schon einmal gefragt haben, ob der Schöpfer die Probleme, mit denen Sie sich herumschlagen, überhaupt begreift, dann denken Sie lange und gründlich über das Versprechen der Menschwerdung Jesu nach. Jesus „gehört nicht zu denen, die unsere Schwächen nicht verstehen" (Hebräer 4,15). Derjenige, der Ihr Gebet hört, versteht auch Ihren Schmerz. Er tut Leid niemals mit einem Achselzucken oder einer spöttischen Bemerkung ab. Er hatte schließlich auch einen menschlichen Körper.

Haben Sie große Angst? Die hatte er auch (Johannes 12,27).

Zerbrechen Sie manchmal beinahe unter Ihrer Last? Das tat er auch (Matthäus 26,38).

Kommen Ihnen hin und wieder die Tränen? Das passierte ihm auch (Johannes 11,35).

Haben Sie schon einmal verzweifelt zu Gott geschrien? Er auch (Hebräer 5,7).

Er versteht Sie.

Er war Mensch genug, um Menschen zu berühren, und Gott genug, um sie zu heilen. Er war Mensch genug, um mit Akzent zu sprechen, und Gott genug, um mit Autorität zu sprechen. Er war Mensch genug, um dreißig Jahre unbemerkt unter uns zu leben, und Gott genug, um die Geschichte neu zu schreiben und 2 000 Jahre lang unvergessen zu bleiben. Ganz Mensch und doch ganz Gott.

Ich bin einmal in den Jordan gewatet. Während einer Israel-Reise besichtigte ich mit meiner Familie den Ort, an dem der Überlieferung nach Jesus getauft wurde. Es ist ein romantischer Fleck. Im Schatten der Maulbeerfeigenbäume kann man dem Gesang der Vögel lauschen. Das Wasser wirkte einladend. Also nahm ich die Einladung an und watete hinein, um mich taufen zu lassen.

Da niemand mit mir ins Wasser wollte, tauchte ich mich selbst unter. Ich verkündete meinen Glauben an Jesus Christus und ließ mich so tief ins Wasser sinken, dass ich den Boden berührte. Dabei stießen meine Hände an einen Stock. Ich griff danach und zog ihn heraus. Ein Andenken an meine Taufe. Manche Menschen bekommen eine Taufurkunde oder eine Bibel. Ich bekam einen Stock. Er ist etwa so dick wie mein Handgelenk, so lang wie mein Unterarm und so glatt wie ein Babypopo. Er liegt heute auf dem Sideboard in meinem Büro, damit ich ihn Menschen zeigen kann, die zu mir kommen, weil ihnen ihre Sorgen über den Kopf wachsen.

Wenn sie mir von all ihren Ängsten wegen der wirtschaftlichen Entwicklung erzählen oder von ihren Sorgen um ihre Kinder, gebe ich ihnen diesen Stock. Ich erzähle ihnen, wie Gott sich die Füße schmutzig gemacht hat und in unsere Welt gekommen ist, die voll ist mit Kindern, Kummer, Krankheiten und Katastrophen. Ich erzähle, wie Johannes der Täufer sagte, er solle am Ufer bleiben, aber Jesus nicht auf ihn hörte. Und wie er genau aus diesem Grund auf diese Welt kam – um einer von uns zu werden. „Vielleicht hat er ja sogar diesen Stock berührt", sage ich dann gern.

Sie lächeln meist und ich frage sie: „Wenn er so weit gegangen ist, können wir da unsere Sorgen nicht auch zu ihm bringen?" Lesen Sie die Verheißung also noch einmal langsam und gründlich:

Doch er gehört nicht zu denen, die unsere Schwächen nicht verstehen und zu keinem Mitleiden fähig sind. Jesus Christus musste mit denselben Versuchungen kämpfen wie wir, doch im Gegensatz zu uns hat er nie gesündigt. Er tritt für uns ein, daher dürfen wir voller Zuversicht und ohne Angst vor Gottes Thron kommen. Gott wird uns seine Barmherzigkeit und Gnade zuwenden, wenn wir seine Hilfe brauchen. Hebräer 4,15–16

Manche argumentieren, dass Jesus uns nicht wirklich verstehen kann, weil er ohne Schuld war. Wenn er nie gesündigt hat, so sagen sie, wie kann er dann die Macht der Sünde wirklich begreifen? Ganz einfach: Er hat sie noch mehr gespürt als wir. Wir geben ihr nach. Das hat er nie getan. Wir streichen die Fahne. Er nicht. Er stellte sich dem Tsunami der Versuchung entgegen, ohne zu wanken. In diesem Sinne versteht er die Macht der Sünde besser als jeder Mensch, der je gelebt hat.

Und mit seiner größten Tat nahm er freiwillig die Konsequenzen der Sünde auf sich. „Denn Gott hat Christus, der ohne jede Sünde war, mit all unserer Schuld beladen und verurteilt, damit wir freigesprochen sind und vor ihm bestehen können" (2. Korinther 5,21).

Jesus hatte es nicht verdient, die Schande zu spüren, aber er hat sie gespürt. Er hatte die Erniedrigung nicht verdient, aber er hat sie erlebt. Er hatte nie gesündigt und doch wurde er wie ein Sünder behandelt. Er wurde zur personifizierten Sünde. Jesus versteht, was es bedeutet, schuldig zu werden, Reue zu empfinden, sich zu schämen.

Ist diese Verheißung wichtig? Für die Heuchler schon. Für diejenigen, die am Vorabend einen Filmriss hatten und mit einem Kater aufgewacht sind, schon. Für die Betrüger, die Verleumder, die Klatschmäuler, die Schlitzohren, die demütig zu Gott kommen, schon. Sie ist wichtig, weil wir uns bewusst machen müssen, dass wir „voller Zuversicht und ohne Angst vor Gottes Thron kommen [dürfen]. Gott wird uns seine Barmherzigkeit und Gnade zuwenden, wenn wir seine Hilfe brauchen" (Hebräer 4,16).

Weil Jesus Mensch ist, versteht er Sie.

Weil er Gott ist, kann er Ihnen helfen.

Er ist als Einziger in der Lage, uns nach Hause zu tragen. Jesus tut für uns, was Mallory Holtman für Sara Tucholsky tat. Sie erinnern sich doch noch an Sara, das Mädchen, das sich einen Bänderriss zuzog, als es einen Homerun machen wollte? Als wir sie zuletzt sahen, lag sie an der ersten Base und umklammerte schmerzverzerrt ihr Knie. Die Schiedsrichter berieten sich. Die Spieler standen herum und sahen zu. Die Fans schrien, jemand solle Sara doch vom Spielfeld tragen, aber sie wollte nicht weg. Sie wollte es zur letzten Base schaffen.

Mallory Holtman hatte eine Idee.

Sie stand für das gegnerische Team der *Washington University* an der ersten Base. Mallory war im letzten Studienjahr und wollte unbedingt den Sieg erringen. Wenn ihre Mannschaft verlor, war die Saison für sie vorbei, und eigentlich hätte sie sich freuen können, dass Sara am Boden lag.

„Hey", rief sie den Schiedsrichtern zu, „kann ich ihr helfen, die anderen Bases zu erreichen?"

„Warum willst du das tun?", fragte einer von ihnen. Noch bevor sie antworten konnte, meinte der Schiedsrichter achselzuckend: „Mach's halt."

Also tat Mallory es. Sie bat eine Mannschaftskameradin um Hilfe und die beiden gingen zu der verletzten Spielerin. „Wir heben dich jetzt hoch und tragen dich zu den anderen Bases." Inzwischen war Saras Gesicht tränenüberströmt. „Danke." Mallory und ihre Freundin griffen mit einer Hand unter Saras Beine und mit der anderen unter ihre Arme. Und los ging's. Die Spielerinnen blieben an der zweiten und dritten Base stehen, damit Sara mit dem gesunden Fuß die Base berühren konnte. Als sie auf die letzte Base zugingen, war das Publikum bereits aufgestanden, Saras Mannschaftskameradinnen hatten sich an der letzten Base versammelt, und Sara strahlte übers ganze Gesicht.[23]

Und das durfte sie auch. Die Einzigen, die ihr helfen konnten, taten es auch. Und deshalb schaffte Sara es ins Ziel.

Gott bietet Ihnen und mir das Gleiche an. Was Mallory zu Sara sagte, sagt Gott zu uns: „Ich hebe dich jetzt hoch und trage dich ins Ziel." Lassen Sie es zu. Sie schaffen es nicht allein. Aber Jesus hat die Kraft, die Ihnen fehlt. Immerhin ist er Ihr Hoher Priester, der Ihnen helfen kann und es auch tun will, wenn Sie Hilfe brauchen.

Lassen Sie ihn das tun, was nur er tun kann. Lassen Sie sich von ihm ins Ziel tragen.

Kapitel 8
Jesus betet für Sie

*Jesus Christus ist doch für sie gestorben, mehr noch:
Er ist auferweckt worden, und er sitzt an Gottes rechter Seite
und tritt für uns ein.*
Römer 8,34 (NGÜ)

Man könnte meinen, dass die Stürme aufgehört hätten, nun, da Jesus auf der Erde war. Er hat schließlich den Planeten erschaffen. Er hat die Stürme erfunden. Er hat die ganze Sache mit der Atmosphäre, dem Wind und dem Regen erschaffen. Man könnte annehmen, dass es auf der Erde, zumindest während er hier war, keine Stürme gab, dass Gott die Naturgesetze außer Kraft gesetzt hätte, um seinem Sohn den peitschenden Regen und die Sturmböen zu ersparen.

Oder man könnte zumindest annehmen, dass Jesus in einer schützenden Blase herumlief. So wie das Papa-Mobil, wenn der Papst durch eine Menschenmenge fährt. Unser Retter sollte mit einem Schutzschild umgeben sein, damit er nicht nass wird, nicht friert, keine Angst haben muss und nicht vom Wind umgepustet wird. Jesus sollten die Stürme des Lebens erspart bleiben.

Und uns auch. Wenn wir unser Leben Gott anvertrauen, dann hoffen wir im Stillen doch: *Jetzt, wo ich zu Gott gehöre, können mir die Widerwärtigkeiten des Lebens nichts mehr anhaben. Ich lebe in einer frommen Blase. Andere sind den Stürmen ausgesetzt. Ich werde ihnen helfen – aber selbst Stürme erleben? Niemals.*

Ein Leben in der Nachfolge ist doch ein Leben ohne Stürme, stimmt's?

Diese Erwartung zerschellt jedoch schnell an der Realität. In Wirklichkeit gibt es nun mal in jedem Leben Stürme. Auch

Jesus versichert uns: „In der Welt werdet ihr hart bedrängt" (Johannes 16,33). Sie und ich werden Stürme erleben. Selbst die ersten Jünger Jesu erlebten welche. „Sofort danach schickte Jesus seine Jünger zum Boot zurück und befahl ihnen, ans andere Ufer überzusetzen, während er die Menschen nach Hause entließ. [...] Als es dunkel wurde, [...] hatte sich das Boot weit vom Ufer entfernt und war in schweren Seegang geraten, denn ein starker Wind war aufgekommen" (Matthäus 14,22–24; NL). Manchmal tragen wir die Schuld an einem Sturm selbst. Wir trinken zu viel Alkohol oder leihen uns zu viel Geld oder geben uns mit den falschen Leuten ab. Dann finden wir uns in einem Sturm wieder, den wir selbst verursacht haben.

Bei den Jüngern war das nicht so. Sie befanden sich auf dem sturmgepeitschten See, weil Jesus sie dorthin gesandt hatte. „Jesus schickte seine Jünger zum Boot und befahl ihnen überzusetzen." Hier geht es nicht um Jona, der vor Gott fliehen wollte. Hier geht es um die Jünger, die Jesus gehorchen wollten. Es geht um Missionare, die ins Ausland reisen und dann plötzlich ohne Unterstützer dastehen. Es geht um Geschäftsleute, die sich für den schmalen Weg entscheiden und dann erleben, dass unehrliche Mitbewerber ihre Angebote unterbieten. Es geht um das Ehepaar, das Gott mit seiner Ehe ehrt und dann keine Kinder bekommt. Es geht um den Studenten, der lernt und dann trotzdem durch die Prüfung fällt. Es geht um die Jünger, die ins Boot steigen, wie Jesus es ihnen gesagt hat, und dann geradewegs in einen Sturm segeln. Gehorsame Menschen geraten in Stürme.

Und die sind oft gewaltig. „Die Jünger waren schon weit draußen auf dem See, als ein Sturm heraufzog. Der starke

Gegenwind peitschte die Wellen auf und machte dem Boot schwer zu schaffen" (Vers 24).

Kühle Luft von den östlichen Bergketten traf auf die warme, subtropische Luft am See und es kam zu einem Sturm. Und die Stürme am See Genezareth können sehr heftig sein.

Jesus schickte die Jünger am Abend weg. „Die Jünger waren schon etwa fünf Kilometer weit gerudert" (Johannes 6,19), als der Sturm kam. Es wurde Nacht, und es fing an zu regnen und zu stürmen, und schon bald schaukelte ihr Boot auf den heftigen Wellen des Sees Genezareth. Eigentlich hätten sie für die sieben Kilometer nicht viel länger als eine Stunde brauchen sollen, aber als die vierte Nachtwache anbrach (zwischen drei und sechs Uhr morgens), waren die Jünger immer noch weit vom Ufer entfernt.

Man muss sie loben: Sie drehten nicht um und ruderten zurück. Sie waren weiter gehorsam. Sie zogen weiter an den Riemen und ruderten über den See. Aber sie kämpften auf verlorenem Posten. Der Sturm sorgte dafür, dass sie das Ufer nicht erreichen konnten, sie mussten zu lange kämpfen und hatten den Wellen zu wenig entgegenzusetzen.

Steigen wir einmal zu ihnen ins Boot. Schauen Sie in ihre regennassen Gesichter. Was sehen Sie? Ganz sicher Angst. Zweifel? Bestimmt. Vielleicht kann man sogar einen von ihnen rufen hören: „Weiß jemand, wo Jesus ist?"

Diese Frage steht zwar nicht in der Bibel, aber sie wurde ganz sicher gestellt. Man stellt sie noch heute. Wo um alles in der Welt ist Jesus, wenn seine gehorsamen Jünger in einen Sturm geraten?

Die Antwort ist einfach und überraschend: Er betet.

Jesus „ging [...] auf einen Berg, um ungestört beten zu können" (Matthäus 14,23). Es gibt keinerlei Hinweise darauf, dass er irgendetwas anderes getan hat. Er hat nicht gegessen. Er hat sich nicht unterhalten. Er hat nicht geschlafen. Er hat gebetet. Jesus war so ins Gebet vertieft, dass er weitermachte, obwohl seine Kleidung nass war und seine Haare zerzaust waren. Nachdem er den ganzen Tag für die Menschen da gewesen war, betete er die ganze Nacht. Er spürte die Sturmböen und den prasselnden Regen. Auch er erlebte den Sturm, aber er betete trotzdem.

Oder sollten wir eher sagen, er betete, *weil* er den Sturm erlebte? War der Sturm der Grund für seine Gebete? Veranschaulicht uns sein Verhalten hier, was er als Erstes tut, als es Probleme gibt? Für seine Nachfolger zu beten? Im Sturm ist er „an Gottes rechter Seite und tritt für uns ein" (Römer 8,34; NGÜ).

Das griechische Wort, das im Original für *für uns eintreten* steht, ist ein ausdrucksstarkes Verb. Es bedeutet so viel wie *konkrete Forderungen oder Anträge für jemanden stellen*.[24] Festus, der Gouverneur von Judäa, gebrauchte dieses Wort, als er mit dem König über den Apostel Paulus sprach. „König Agrippa! Verehrte Anwesende! Vor euch steht der Mann, dessen Hinrichtung alle Juden in Jerusalem wie auch hier lautstark gefordert haben" (Apostelgeschichte 25,24).

Biblisch betrachtet tut ein Beter genau das: Er wendet sich mit konkreten, leidenschaftlichen Bitten an Gott.

Denken Sie einmal über diese Zusage nach: Jesus betet für Sie, genau jetzt, in diesem Augenblick, während Ihr Sturm tobt. Der König des Universums macht sich für Sie stark. Er wendet sich an seinen himmlischen Vater. Er fleht um den Beistand des Heiligen Geistes. Er plädiert dafür, dass Ihnen eine extra Portion Segen zuteilwird. Sie sind in Ihrem Kampf gegen Wind und Wellen nicht allein. Sie müssen gar nicht selbst eine Lösung finden. Der mächtigste Fürst und heiligste Fürsprecher setzt sich für Sie ein. Als Stephanus wegen seines Glaubens den Märtyrertod sterben sollte, blickte er „fest zum Himmel auf und sah dort Gott in seiner Herrlichkeit und Jesus an seiner rechten Seite" (Apostelgeschichte 7,55).

Jesus setzte sich für Stephanus ein.

Hat sich schon einmal jemand für Sie eingesetzt? Die Antwort lautet Ja. Jesus steht in diesem Augenblick vor Gott und bittet für Sie.

„Gib Maria Kraft für dieses Vorstellungsgespräch."

„Schenk Tom die nötige Weisheit, damit er ein guter Vater sein kann."

„Besiege den Teufel, der Anna ihren Schlaf raubt."

„Wo ist Jesus?", haben Petrus und seine Mannschaft sich vielleicht gefragt.

„Wo ist Jesus?", fragen die Kranken, die Schwachen, die Armen, die Ausgelaugten, die Einsamen.

Wo ist er? Er ist in Gottes Gegenwart und betet für uns.

Er sagt das Gleiche zu Ihnen, was er auch zu Petrus gesagt hat. Weil er wusste, dass der Apostel hart auf die Probe gestellt werden würde, versicherte Jesus ihm: „Aber ich habe für dich gebetet, dass du den Glauben nicht verlierst" (Lukas 22,32).

Jesus hat für Petrus gebetet. Er ist für Stephanus eingetreten. Und er verspricht, für Sie zu bitten und sich für Sie einzusetzen.

„Und weil Jesus Christus ewig lebt und für uns bei Gott eintritt, wird er auch alle endgültig retten, die durch ihn zu Gott kommen" (Hebräer 7,25).

Wenn wir vergessen zu beten, denkt er daran.

Wenn wir mit Zweifeln erfüllt sind, ist er mit Glauben erfüllt.

Wenn wir es nicht verdienen, dass Gott uns erhört, verdient er dies absolut.

Jesus ist der schuldlose, vollkommene Hohepriester. Wenn er spricht, hört der ganze Himmel zu.

Unerschütterliche Hoffnung ist der erstgeborene Spross dieser Verheißung. Wir würden gern die Zukunft kennen, aber das ist nicht möglich. Wir sehnen uns danach, den Weg zu überblicken, der vor uns liegt, aber das ist nicht möglich. Wir hätten gern eine Antwort auf jede unserer Fragen, aber stattdessen hat Jesus beschlossen, uns Folgendes zu verraten: „Ich werde dich durch den Sturm hindurchbeten."

Werden die Gebete von Jesus erhört? Natürlich.

Werden Sie durch den Sturm hindurchkommen? Ich denke, Sie kennen die Antwort.

Jetzt könnte man einwenden, warum es dann überhaupt einen Sturm gab, wo Jesus doch betete? Sollte ein betender Jesus nicht dafür sorgen, dass unser Leben frei von Stürmen ist? Meine Antwort darauf ist: Natürlich! Aber dieses sturmfreie Leben beginnt erst in seinem ewigen Königreich. Doch weil wir bis dahin in einer gefallenen Welt leben und der Teufel Zweifel und Angst schürt, können wir uns darauf verlassen, dass Stürme auftreten werden. Aber wir können uns in den Stürmen darauf verlassen, dass Jesus bei uns ist und für uns betet.

Mein Freund Chris hat im Alter von neun Jahren einen solchen Sturm erlebt. Damals wurde bei ihm Pfeiffersches

Drüsenfieber festgestellt. Der Arzt ordnete an, dass er den ganzen Sommer über zu Hause bleiben sollte. Chris war ein wilder, sportlicher, extrovertierter Junge. Und der sollte den ganzen Sommer drinnen bleiben? Kein Baseball, nicht Angeln gehen, nicht Fahrrad fahren? Genauso gut könnte man einen Adler in einen Vogelkäfig sperren.

Für einen Neunjährigen war das durchaus ein Sturm.

Chris' Vater war Christ und beschloss, auch an der Quarantäne irgendetwas Gutes zu finden. Er besaß einen Laden, in dem er unter anderem Gitarren verkaufte, und war auch selbst ein passabler Gitarrenspieler. Also schenkte er Chris eine Gitarre. Jeden Morgen brachte er seinem Sohn einen neuen Griff oder eine neue Technik bei und sagte ihm, er solle den ganzen Tag üben. Und genau das tat Chris. Es zeigte sich, dass er eine besondere Begabung dafür hatte. Als der Sommer vorüber war, konnte Chris die Songs von Willie Nelson spielen und fing an, eigene Lieder zu schreiben.

Wenige Jahre später leitete er die Anbetung in seiner Gemeinde. Und wenige Jahrzehnte später gilt er als „der Songwriter, dessen Lieder weltweit am meisten gesungen werden".[25] Vielleicht haben Sie auch schon einige davon gehört: „So groß ist der Herr", „So bist nur du" oder „Heilig ist der Herr und allmächtig".

Ich kann es mir nicht anders vorstellen, als dass Jesus für den neunjährigen Chris Tomlin gebetet hat.

Die besten Versuche des Teufels, uns zu entmutigen, haben keine Chance gegen Gottes Entschlossenheit, uns zu formen. Womit uns Satan schaden will, das kann Jesus zu unserem Besten gebrauchen. Satans Versuche, uns zu zerstören, tragen in

Wahrheit dazu bei, unseren Glauben zu stärken. Jesus sagt: „In der Welt werdet ihr hart bedrängt, aber lasst euch nicht entmutigen: Ich habe diese Welt besiegt" (Johannes 16,33).

Können Sie sich vorstellen, wie viel Sicherheit diese Zusage gibt? Tyler Sullivan kann es sich vorstellen. Als er elf Jahre alt war, er ging damals in die fünfte Klasse, schwänzte er einmal einen Tag lang die Schule. Aber nicht etwa, um mit Freunden zu spielen oder fernzusehen, sondern um den Präsidenten der Vereinigten Staaten zu treffen.

Barack Obama besuchte damals Golden Valley, Tylers Heimatstadt in Minnesota. Sein Vater kündigte den Präsidenten auf einer Veranstaltung an. Als Tyler diesem nach seiner Rede die Hand schüttelte, erkannte Obama, dass der Junge offenbar gerade die Schule schwänzte. Also bat er einen Mitarbeiter, ihm ein Blatt Papier mit dem Briefkopf des Weißen Hauses zu bringen. Er erkundigte sich nach dem Namen seines Lehrers. Dann schrieb er: „Bitte entschuldigen Sie, dass Tyler heute nicht am Unterricht teilnehmen konnte. Er war bei mir. Barack Obama, Präsident."[26]

Ich glaube, als der Lehrer den Brief las, gewährte er die Bitte. Der Präsident setzt sich schließlich nicht jeden Tag für ein Kind ein.

Aber Jesus setzt sich jeden Tag für Sie ein. „Er, der ewig lebt, wird nie aufhören, für [uns] einzutreten" (Hebräer 7,25; NGÜ). Jesus betet für die Menschen, die zu ihm gehören. Wenn Sie in einem Sturm stecken, betet er für Sie.

Und er kommt durch die Gischt Ihres Sturms zu Ihnen. „In den frühen Morgenstunden kam Jesus über den See zu ihnen. Als die Jünger ihn auf dem Wasser gehen sahen, waren sie zu Tode erschrocken. ‚Es ist ein Gespenst!', meinten sie und schrien voller Entsetzen" (Matthäus 14,25–26).

Jesus war die Antwort auf sein eigenes Gebet.

Er verwandelte das Wasser in einen Gehweg. Er, der das Rote Meer für Mose aufstaute und der die eiserne Axt für Elisa schwimmen ließ, verwandelte den aufgewühlten See Genezareth in einen ebenen Weg und ging mitten im Sturm zu den Aposteln.

Seine Jünger bekamen Panik. Sie hatten nicht damit gerechnet, Jesus in den Sturmböen zu sehen.

Nika Maples ging es ähnlich. Sie dachte, sie sei ganz allein. Lupus hatte ihren Körper befallen. Sie konnte nicht mehr deutlich sprechen oder klar sehen. Sie konnte nicht mehr laufen, sitzen oder sich bewegen. Sie konnte nur ganz winzige Happen essen. Sie atmete stoßartig. Sie konnte kaum noch schlafen. Die Ärzte waren ratlos und Nikas Familie war entsetzt. Obwohl sie erst zwanzig Jahre alt war, verweigerte ihr Körper ihr schon den Dienst.

Als sie schließlich auf die Intensivstation eines Krankenhauses in Fort Worth, Texas, eingeliefert wurde, fürchteten die Ärzte, dass sie nicht überleben würde. In einer besonders schlimmen Nacht konnte sie gar nicht schlafen. Sie wusste, dass sie zur Ruhe kommen würde, wenn jemand ihre Hand hielt, aber da sie nicht mehr sprechen konnte, konnte sie niemanden um Trost bitten. Ihre Mutter war bei ihr im Zimmer, aber Nika konnte ihren regelmäßigen Atemzügen entnehmen, dass sie eingeschlafen war. Nika fing an zu beten: *Gott, ich brauche dich. Ich kann nicht einschlafen ... Kannst du mir bitte jemanden schicken, der meine Hand hält? Ich kann niemandem sagen, was ich brauche, kann niemanden darum bitten. Kannst du bitte meiner Mutter oder einer Krankenschwester oder sonst jemandem sagen, er solle meine Hand halten?*

Langsam vergingen die Minuten. Sie lag auf einer Matratze, die sie auf die Seite und dann auf den Rücken drehte, damit sie sich nicht wundlag. Da betrat jemand den Raum.

„Der Geruch seiner Haut war fremdartig, aber eindeutig männlich. Seine Schritte waren lautlos, meine Mutter rührte sich nicht einmal ... Er nahm meine rechte Hand und hielt sie sanft. Ich versuchte, die Augen zu öffnen, konnte es aber nicht."

Nika schlief langsam ein. Als sie wieder aufwachte, hielt er immer noch ihre Hand, und ihre Mutter schlief weiter auf der anderen Seite des Zimmers. Nika versuchte erneut, die Augen zu öffnen, um ihren neuen Freund zu betrachten. Diesmal gelang es ihr. Ihr Blick war verschwommen. Es war niemand da. In diesem Augenblick verschwand der sanfte Druck auf ihrer Hand.

Sie ist sich sicher, dass Jesus bei ihr gewesen war.[27]

Er tat für sie das Gleiche, was er auch für seine Jünger getan hatte: Er kam zu ihr mitten in den Sturm hinein.

Seine Nachfolger hielten ihn für einen Geist, aber Jesus kam trotzdem. Petrus' Glaube machte Angst Platz, aber Jesus ging trotzdem übers Wasser. Der Sturm tobte, aber das konnte Jesus nicht von seiner Mission ablenken. Er blieb standhaft, bis er allen gezeigt hatte, dass er der Herr über alle Stürme ist. An dieser Stelle beteten ihn seine Jünger in der Bibel zum ersten Mal an: „Du bist wirklich der Sohn Gottes!" (Matthäus 14,33).

Als sie Jesus anbeteten, war das ruhig daliegende Boot ihr Altar und ihre pochenden Herzen waren die Liturgie.

Sie und ich sollten es genauso machen.

······························· Kapitel 9 ·······························

Keine Verurteilung mehr

Wer nun mit Jesus Christus verbunden ist,
wird von Gott nicht mehr verurteilt.
Römer 8,1

New York. Wenn Sie die Skyline sehen wollen, fahren Sie auf die andere Seite der Brooklyn Bridge.

Wenn Sie Unterhaltung wollen, gehen Sie auf den Broadway.

Sie suchen Inspiration? Machen Sie die Tour zur Freiheitsstatue.

Ein Einkaufsbummel? Die Boutiquen auf der Fifth Avenue warten nur auf Ihre Kreditkarte.

Aber wenn Sie in ein tiefes Loch fallen, depressiv werden und völlig niedergeschlagen sein wollen, dann fahren Sie mit dem Taxi an die Ecke Avenue of the Americas und 54. Straße West und beobachten Sie eine Weile die Schuldenuhr der USA. Die Anzeige ist siebeneinhalb Meter breit, wiegt 680 Kilo und zeigt mit 306 Glühbirnen unablässig und gnadenlos die Schulden der Vereinigten Staaten und den Pro-Kopf-Anteil an. Ursprünglich war nicht angedacht, dass die Schuldenuhr auch rückwärts lief, aber diese Funktion wurde bislang auch fast nie benötigt. Man hat sogar bereits darüber nachgedacht, eine neuere Version zu installieren, die auch Billiarden anzeigen kann.[28] Wenn Schulden eine Flutwelle sind, dann wird uns, dieser Anzeige nach zu urteilen, die Strömung ins Meer hinaustragen.

Ich bin kein Wirtschaftsfachmann, ich bin Prediger. Aber meine Erfahrung mit Geld hat mich Folgendes gelehrt: Wenn man mehr Schulden hat, als man einnimmt, stellt das ein Problem dar.

Wie gesagt, ich bin kein Ökonom. Ich bin Prediger, was vielleicht die seltsame Frage erklärt, die mir durch den Kopf schoss, als ich über die Schuldenuhr nachdachte: Was wäre, wenn es im Himmel so eine Uhr gäbe? Eine Anzeige, die nicht unsere finanziellen Schulden misst, sondern unsere geistlichen Schulden. In der Bibel werden oft Begriffe aus der Finanzwelt verwendet, wenn es um unsere Sünde geht. Jesus hat uns beispielsweise gelehrt, folgendermaßen zu beten: „Vergib uns unsere Schuld" (Matthäus 6,12). Wenn Sünden Schulden sind, gibt es dann für Sie und mich im Himmel eine Digitalanzeige für unsere Sünden? Schaltet sie bei jeder Übertretung ein Stückchen weiter?

Eine Lüge. *Klick.*
Einmal schlecht über jemanden geredet. *Klick.*
Einmal egoistisch gewesen. *Klick.*
Eingeschlafen, während wir ein Buch von Max Lucado gelesen haben. *Klick, klick, klick.*

Das ist wirklich deprimierend. Finanzielle Verbindlichkeiten sind eine Sache, aber geistliche? Unsere Sündenschuld hat ernste Konsequenzen: Sie trennt uns von Gott.

Eure Schuld – sie steht wie eine Mauer zwischen euch und eurem Gott! Eure Sünden verdecken ihn, darum hört er euch nicht.
Jesaja 59,2

Himmlische Mathematik geht ungefähr so: Der Himmel ist ein vollkommener Ort für vollkommene Menschen und deshalb sind wir vollkommen ungeeignet dafür. Nach der himmlischen Schuldenuhr zu urteilen schulden wir mehr, als wir jemals zurückzahlen könnten. Jeder Tag bringt mehr Sünden mit sich, mehr Schulden und mehr Fragen wie diese: „Wird mich denn niemand aus diesem elenden Zustand befreien?" (Römer 7,24; NGÜ).

Wenn ihnen ihre moralische Schuld bewusst wird, fangen manche Menschen an, wie wahnsinnig Gutes zu tun. Das Leben wird dann zum immerwährenden Kampf, in dem es darum geht, ja genug gute Dinge zu tun, besser zu werden, mehr zu erreichen. Frommes Verhalten ist das, worum sich unser Leben dreht. Wir gehen in die Kirche, kümmern uns um Kranke, unternehmen Pilgerfahrten und fasten. Und doch nagt an uns die Angst: *Was ist, wenn all das nicht genug ist?*

Andere reagieren auf die Erkenntnis ihrer Schuld nicht mit Aktivismus, sondern mit Unglauben. Sie heben hilflos die Hände und wenden sich verärgert ab. Kein Gott würde allen Ernstes so viel von ihnen verlangen. Er ist ja nie zufrieden. Man kann es ihm nicht recht machen. Also kann er gar nicht existieren. Und falls er doch existiert, ist er es nicht wert, ihn zu kennen.

Das sind zwei Extreme. Der Gesetzliche und der Atheist. Der eine müht sich verzweifelt ab, Gott zu gefallen. Der andere ist überzeugt, dass es keinen Gott gibt. Finden Sie sich in einem der beiden wieder? Wissen Sie aus eigener Erfahrung, wie sehr die Gesetzlichkeit auslaugt? Wissen Sie, wie einsam man als Atheist sein kann?

Was sollen wir tun? Sind Verzweiflung und Unglaube wirklich die einzigen Möglichkeiten, die uns offen stehen?

Niemand beantwortete diese Frage so gern wie der Apostel Paulus, der an die Gemeinde in Rom schrieb: „Wer nun mit

Jesus Christus verbunden ist, wird von Gott nicht mehr verurteilt" (Römer 8,1).

Wie konnte er so was sagen? Wusste er denn nicht, wie groß unsere Schuld ist? Wie groß seine war, dessen war er sich jedenfalls bewusst. Paulus taucht in der Bibel zunächst als Saulus auf, der von sich behauptete, der Pharisäer aller Pharisäer und der religiöseste Mensch überhaupt zu sein. Er war blutrünstig und wütend und wild entschlossen, alles, was mit dem Glauben an Jesus Christus zu tun hatte, und jeden Anhänger von Jesus auszulöschen.

Seine Haltung änderte sich, als er auf dem Weg nach Damaskus war. Da erschien Jesus ihm in der Wüste und holte ihn buchstäblich von seinem hohen Ross, sodass er drei Tage lang blind war. Paulus konnte nur noch nach innen schauen. Und was er da sah, gefiel ihm gar nicht. Er sah einen engstirnigen Tyrannen. Während seiner Blindheit schenkte Gott ihm eine Vision, in der er sah, dass ein Mann namens Hananias ihm sein Augenlicht wiedergeben würde. Als Hananias das tat, „stand [Paulus] auf und ließ sich taufen" (Apostelgeschichte 9,18).

Schon wenige Tage darauf begann er, den Menschen von Jesus zu erzählen. Innerhalb von wenigen Jahren ging er auf seine erste Missionsreise. Nach nur zwei Jahrzehnten schrieb er Briefe, die wir heute noch lesen, und in jedem davon argumentiert er mit dem, was Jesus am Kreuz für uns getan hat.

Es wird nicht gesagt, wann genau Paulus die Bedeutung der Gnade bewusst wurde. War es noch auf dem Weg nach Damaskus? Oder dämmerte es ihm während der drei Tage dauernden Dunkelheit? Oder nachdem Hananias ihm sein Augenlicht zurückgegeben hatte? Wir erfahren es nicht. Aber wir wissen, dass Paulus Gnade fand. Oder dass die Gnade ihn fand. So oder so nahm er das unglaubliche Angebot an, dass Gott unsere Beziehung zu ihm durch Jesus Christus ins Reine bringen will. Paulus' Argumentation ist ganz einfach:

Wir ertrinken regelrecht in unserer Schuld.

Gott liebt uns zu sehr, um uns ertrinken zu lassen.

Also hat Gott einen Weg gefunden, um uns zu retten.

Paulus beginnt sein Plädoyer für Christus mit der Beschreibung unseres Problems: „Alle sind schuldig geworden und spiegeln nicht mehr die Herrlichkeit wider, die Gott dem Menschen ursprünglich verliehen hatte" (Römer 3,23). Wir haben den Maßstab, den Gott anlegt, nicht erreicht. Wir sollten das Wesen von Jesus widerspiegeln. Wir sollten so reden, handeln und uns so verhalten, wie er es tut. Wir sollten so lieben wie er. Wertschätzung ausdrücken wie er. Uns sollten diejenigen wichtig sein, die auch ihm wichtig sind. Das ist der Maßstab, den Gott anlegt. Und den haben wir nicht erreicht. Jesus dagegen schon. „Christus, der ohne jede Sünde war" (2. Korinther 5,21).

Was für eine Aussage! Jesus ist kein einziges Mal vom Weg abgekommen. Er hat nie geschwiegen, wenn er reden sollte, oder geredet, wenn er schweigen sollte. Er „musste mit denselben Versuchungen kämpfen wie wir, doch im Gegensatz zu uns hat er nie gesündigt" (Hebräer 4,15). Er war 24 Stunden am Tag, sieben Tage die Woche Gottes Ebenbild.

Was den Maßstab angeht, so *ist* er der Maßstab. Ohne Sünde zu sein heißt, wie Jesus zu sein.

Aber wer kann das schon?

Wir haben vielleicht lichte Momente, in denen wir gut sind oder Gutes tun, aber wer von uns spiegelt schon jeden Tag rund um die Uhr Gottes Ebenbild wider? Paulus fand jedenfalls niemanden. „Dasselbe sagt schon die Heilige Schrift: ‚Es gibt keinen, auch nicht einen Einzigen, der ohne Sünde ist. Es gibt keinen, der einsichtig ist und nach Gott fragt'" (Römer 3,10–11). Viele sträuben sich gegen die Aussage dieses Verses. Sie stören sich an dieser Behauptung. Niemand, kein Einziger ist ohne Schuld? Niemand fragt nach Gott? Dann kommen sie mit ihren Lebensläufen, in denen so viel Gutes steht. Sie zahlen ihre Steuern. Sie lieben ihre Familie. Sie sind nicht süchtig. Sie geben etwas von ihrem Geld ab. Sie setzen sich für die Benachteiligten ein. Verglichen mit dem Rest der Welt, sind sie doch gute Menschen.

Aber genau da liegt das Problem: Nicht der Rest der Welt ist der Maßstab, an dem sie gemessen werden. Der Maßstab ist Jesus. Und im Vergleich zu Jesus, nun ja … hören Sie die Schuldenuhr ticken?

Vor einiger Zeit habe ich angefangen, regelmäßig schwimmen zu gehen, um mich fit zu halten. Ich habe mir zwar keine Badehose gekauft, aber ich habe mir eine Schwimmbrille zugelegt, bin ins Schwimmbad gegangen und habe losgelegt. Mit der Zeit habe ich mich langsam von einer Kaulquappe zu einem kleinen Frosch entwickelt. Mein Stil ist nicht gerade sehr ansehnlich, aber ich kann meine Bahnen schwimmen. Ich fand, ich hatte gute Fortschritte gemacht.

So gute Fortschritte, dass ich die Einladung annahm, als Josh Davis mich einlud, mit ihm schwimmen zu gehen. Erinnern Sie sich noch an Josh Davis, den dreifachen Goldmedaillen-Gewinner bei den Olympischen Spielen in Atlanta? Sein Taillenumfang ist so groß wie mein Oberschenkelumfang. Wenn ich mein Trainingsprogramm absolviert habe, hat er gerade die Hälfte seiner Aufwärmübungen hinter sich gebracht. Er fühlt sich im Schwimmbecken genauso wohl wie die meisten von uns in der Kantinenschlange. Als er mir anbot, mir ein paar Tipps zu geben, sprang ich ins Wasser. (Das Schwimmbad trug zufällig den Namen *Josh Davis Natatorium*.) Immerhin hatte ich schon zwei Monate trainiert ... Vielleicht würde es ja für die Senioren-Olympiade reichen? Wer weiß? Wir waren also jeder in seiner Bahn, als er vorschlug: „Lass uns mal zwei Bahnen schwimmen und sehen, wie schnell du bist." Ich legte los. Ich gab alles. Ich war überrascht, dass er am Ende die Wand nur wenige Sekunden vor mir berührt hatte, und fühlte mich ziemlich gut. Ich rechnete innerlich schon damit, Fotografen und Fans am Beckenrand zu sehen.

„Bist du schon lange da?", fragte ich hechelnd.

„Nur ein paar Sekunden."

„Willst du damit sagen, dass ich nur ein paar Sekunden hinter dir war?"

„Genau."

Wow ... Vergesst die Sache mit Senioren-Olympiade, ich dachte jetzt eher an den Weltrekord. Aber dann fügte Josh hinzu: „Aber mit einem Unterschied: Während du zwei Bahnen geschwommen bist, bin ich sechs geschwommen."

Josh hob den Maßstab an. Er schwamm auf höchstem Niveau.

Im Kleinen hat er im Schwimmbecken das getan, was Jesus für die Menschheit getan hat.

Jesus zeigte, wie ein Leben aussieht, an dem Gott Freude hat.

Was sollen wir jetzt tun? Er ist heilig – wir nicht. Er ist vollkommen – wir nicht. Er hat einen fehlerlosen Charakter – wir nicht. Ein gähnender Abgrund trennt uns von Gott. Können wir hoffen, dass Gott darüber hinwegsieht?

Das würde er, wenn da nicht dieses äußerst wichtige Detail wäre: Er ist ein gerechter Gott. Wenn er die Sünde nicht bestraft, ist er nicht gerecht. Wenn er nicht gerecht ist, wie können wir dann auf einen gerechten Himmel hoffen? Dann wird das nächste Leben voller Sünder sein, die ein Schlupfloch gefunden und das System übers Ohr gehauen haben. Aber wenn Gott uns wegen unserer Schuld bestraft, sind wir verloren. Was ist also die Lösung? Hören wir wieder, was Paulus dazu sagt:

Wie heißt es denn in den Heiligen Schriften? „Abraham vertraute Gott und glaubte seiner Zusage, und dies rechnete Gott ihm als Gerechtigkeit an." Nun, einem Arbeiter, der Leistungen erbracht hat, wird sein Lohn nicht als etwas Unverdientes angerechnet, sondern als etwas, worauf er Anspruch hat. Wenn dagegen ein Mensch vor Gott keine Leistungen vorzuweisen hat, aber er vertraut auf den, der die Gottlosen annimmt, dann wird ihm sein Glaube als Gerechtigkeit angerechnet. Römer 4,3–5 (GN)

Etwas anrechnen heißt, es von einer Schuld abzuziehen. Ich besitze eine Kreditkarte. Wenn ich Geld auf mein Konto einzahle, um die Kreditkartenzahlungen auszugleichen, habe ich keine Schulden mehr, weil mir der Geldbetrag angerechnet wird. Dann gibt es keine offenen Zahlungen mehr, keine Verbindlichkeiten. Gar keine.

Paulus sagt also, dass Gott genau das mit unserer geistlichen Schuld getan hat. Er führt Abraham als Beispiel für einen Empfänger der Gnade an. Ja, genau, der Abraham, der 2 000 vor Christus gelebt hat! Abraham hatte zwar keine Kreditkartenschulden, aber geistliche schon. Er hatte gesündigt. Ich bin mir sicher, dass er ein guter Mensch war, aber nicht gut genug, um schuldenfrei zu sein. Seine Schuldenuhr war schon sehr oft weitergerückt:

Jedes Mal, wenn er sein Kamel verfluchte. *Klick.*
Jedes Mal, wenn er mit einer Magd schäkerte. *Klick.*
Jedes Mal, wenn er sich fragte, wo um alles in der Welt Gott ihn hinführte und ob Gott überhaupt wusste, wo er hinwollte. *Klick. Klick. Klick.*

Aber bei all den schlechten Dingen, die Abraham tat, hatte er sich doch für eine gute Sache entschieden: Er glaubte an Gott. Er vertraute Gott. Und weil er das tat, passierte etwas Wunderbares, unaussprechlich Großartiges mit seiner Schuldenuhr:

Sie wurde auf Null zurückgedreht!

„Abraham vertraute Gott und glaubte seiner Zusage, und dies rechnete Gott ihm als Gerechtigkeit an." Gott versprach Abraham, ihn zu retten, weil dieser an ihn glaubte und ihm gehorsam war. Und Gott verspricht auch Ihnen und mir, uns zu retten, weil wir an ihn glauben und versuchen, ihm gehorsam zu sein. Glaube, das ist alles, was wir brauchen.

Um unsere Schuld zu sühnen, hat Gott seinen Sohn am Kreuz vor aller Welt sterben lassen. Jesus hat sein Blut für uns vergossen und mit diesem Opfer die Vergebung für alle erwirkt, die daran glauben. Daran zeigt sich, dass es gerecht von Gott war, als er die

Sünden der Menschen bisher ertrug; er hatte Geduld mit ihnen. Jetzt aber vergibt er ihnen ihre Schuld und erweist damit seine Gerechtigkeit. Gott allein ist gerecht und spricht den von seiner Schuld frei, der an Jesus Christus glaubt. Römer 3,25-26

Gott hat seinen Maßstab nie aufgegeben. Er hat jede Forderung nach Gerechtigkeit erfüllt. Und gleichzeitig hat er seine größte Sehnsucht gestillt – uns zu zeigen, wie sehr er uns liebt: Weil er zu gerecht ist, um über unsere Schuld hinwegzusehen, und uns zu sehr liebt, um uns aufzugeben, hat er unsere Sünde seinem Sohn auferlegt und hat sie dort bestraft. „Denn Gott hat Christus, der ohne jede Sünde war, mit all unserer Schuld beladen und verurteilt, damit wir freigesprochen sind und vor ihm bestehen können" (2. Korinther 5,21).

Jetzt verstehen wir auch den Ausruf von Jesus am Kreuz: „Mein Gott, mein Gott, warum hast du mich verlassen?" (Matthäus 27,46).

Jesus spürte den Zorn eines gerechten und heiligen Gottes.

Welle um Welle. Last für Last. Stunde um Stunde. Er schrie die Worte eines Psalms, den er von klein auf kannte: „Warum hast du mich verlassen?" Er spürte die Trennung zwischen sich und seinem Vater.

Und als er das nicht länger ertragen konnte, rief er: „Es ist vollbracht!" (Johannes 19,30). Sein Auftrag war erfüllt.

In dem Augenblick, als Jesus starb, ereignete sich ein unglaubliches Wunder. „Aber Jesus schrie laut auf und starb. Im selben Augenblick zerriss im Tempel der Vorhang vor dem Allerheiligsten von oben bis unten" (Markus 15,37-38). Henry und Richard Blackaby schreiben dazu: „Der Vorhang trennte die

Menschen vom Allerheiligsten des Tempels, und das schon seit Jahrhunderten. Der Überlieferung zufolge war der Vorhang – der eine Handbreit dick war – aus 72 gedrehten Schnüren gewoben, von denen jede aus 24 einzelnen Fäden bestand. Der Vorhang soll 18 Meter hoch und neun Meter breit gewesen sein."[29]
Wir sprechen hier also nicht von einer dünnen Gardine. Dieser Vorhang war regelrecht eine Wand aus Stoff. Die Tatsache, dass er von oben nach unten zerriss, beweist, dass das Ganze von göttlicher Hand geschehen war. Gott selbst hatte den Vorhang ergriffen und riss ihn entzwei.

Schluss damit!

Keine Unterteilung mehr. Keine Trennung mehr. Keine Opfer mehr. „Also gibt es jetzt für die, die zu Christus Jesus gehören, keine Verurteilung mehr" (Römer 8,1; NL).

Christus hat unsere Sünden auf sich genommen und sie am eigenen Leib zum Kreuz hinaufgetragen. Das bedeutet, dass wir für die Sünde tot sind und jetzt leben können, wie es Gott gefällt. Durch seine Wunden hat Christus euch geheilt. 1. Petrus 2,24

Das himmlische Werk der Erlösung war vollbracht. Der Tod von Jesus schenkte neues Leben und machte es uns möglich, neue Menschen zu werden. Jedes Hindernis, das jemals zwischen uns und Gott gestanden hatte – oder stehen wird –, war damit aus dem Weg geräumt.

Die Angst, nicht gut genug zu sein: verschwunden! Das besorgte Bestreben, sich richtig zu verhalten: verschwunden. Die nagenden Fragen, ob wir genug getan haben, ob wir gut genug sind, ob wir genug leisten: verschwunden. Die Gesetzlichen finden Ruhe. Der Atheist findet Hoffnung. Der Gott Abrahams ist kein Gott, der Lasten auferlegt, sondern ein Gott, der Ruhe schenkt. Er weiß, dass wir aus Fleisch und Blut sind. Er weiß, dass wir niemals vollkommen sein werden. Der Gott der Bibel ist der, der sagt:

„*Kommt alle her zu mir, die ihr euch abmüht und unter eurer Last leidet! Ich werde euch Ruhe geben. Vertraut euch meiner Leitung an und lernt von mir, denn ich gehe behutsam mit euch um und sehe auf niemanden herab. Wenn ihr das tut, dann findet ihr Ruhe für euer Leben. Das Joch, das ich euch auflege, ist leicht, und was ich von euch verlange, ist nicht schwer zu erfüllen.*"
Matthäus 11,28–30

Wenn Sie mit Ihrem Kind die Geduld verlieren, greift Jesus ein: „Dafür habe ich bezahlt." Wenn Sie lügen und der ganze Himmel stöhnt, wirft Ihr Retter ein: „Mein Tod hat diese Schuld bedeckt." Wenn Sie sich im Internet Nacktfotos anschauen, voller Schadenfreude das Leid eines anderen beäugen, jemanden für seinen Erfolg beneiden oder über den Fehler eines anderen schimpfen, dann steht Jesus vor dem himmlischen Gericht und deutet auf das Kreuz. „Darum habe ich mich schon gekümmert. Ich habe diese Schuld bezahlt. Ich habe die Sünden der Welt weggenommen."

Karl Barth beschrieb Gnade mit den folgenden Worten:

Auf der einen Seite steht Gott in seiner Herrlichkeit als Schöpfer und Herr. [...] Und auf der anderen Seite steht der Mensch, der nicht nur Geschöpf, sondern auch Sünder ist, ein fleischliches

Geschöpf, das sich als solches gegen Gott stellt. Es ist nicht nur eine Grenze, sondern ein gähnender Abgrund, der die beiden trennt. Aber dieser Abgrund wird überquert, und zwar nicht vom Menschen, auch nicht von Mensch und Gott, sondern von Gott allein. [...] Der Mensch weiß nicht einmal, wie es geschehen ist oder wie ihm geschieht.[30]

Die Errettung ist von Anfang bis Ende das Werk unseres Vaters. Gott steht nicht auf irgendeinem Berg und verlangt von uns, dass wir heraufsteigen, um ihn zu finden. Er kommt in unser dunkles Tal herunter, um uns zu finden. Er bietet uns nicht an, all unsere Schulden zu bezahlen, wenn wir den letzten Euro davon dann selbst übernehmen. Er zahlt den vollen Preis. Er bietet uns nicht an, das Werk zu Ende zu bringen, wenn wir erst mal damit anfangen. Er macht die ganze Arbeit, von Anfang bis Ende. Er verhandelt nicht mit uns und sagt uns, dass wir unser Leben erst einmal in den Griff bekommen sollen, damit er uns dann helfen kann. Er wäscht unsere Schuld ab, ohne dass wir etwas dazu beisteuern müssen.

Eine ältere Dame wurde einmal gefragt, wie sie sich sicher sein konnte, dass sie wirklich errettet war. Obwohl sie ihr Leben ganz Jesus anvertraut hatte, wollte ein Zyniker wissen: „Wie können Sie da sicher sein? Woher wissen Sie, dass Gott Sie nicht nach all den Jahren in der Hölle schmoren lassen wird?"

„Er hätte dabei mehr zu verlieren als ich", erwiderte sie. „Ich würde nur meine eigene Seele verlieren, er aber seinen guten Ruf."

Was für ein Geschenk Gott Ihnen da gemacht hat. Sie haben den größten Jackpot in der Menschheitsgeschichte geknackt, und Sie mussten noch nicht einmal das Los bezahlen! Ihre Seele ist in Sicherheit, Ihre Rettung garantiert. Ihr Name steht im einzigen Buch, das zählt. Es sind nur noch wenige Sandkörner in der Sanduhr, dann erwartet Sie ein Leben frei von Angst, frei von Schmerzen und frei vom Tod.

Das ist Gottes Botschaft, sein Versprechen der Gnade. Diese gute Nachricht hat Paulus unermüdlich voller Begeisterung gepredigt: „Was wir nicht tun können, hat Gott getan. Er rettet uns aus Gnade." Gnade ist alles, womit Gott uns begegnet: Gott liebt uns. Gott beugt sich zu uns herab. Gott bietet sie uns an. Gott sorgt für uns und Gott trägt uns.

Das ist Gottes Art von Gnade. Was ist mit Ihrer? Lesen Sie nicht vorschnell über diese Frage hinweg. Die Schuld schwärt in allzu vielen Seelen wie Gift. Lassen Sie nicht zu, dass sie Ihre Seele verletzt. Verinnerlichen Sie die folgende Verheißung, die mit dem Blut Jesu geschrieben wurde, bevor Sie umblättern: „Wer nun mit Jesus Christus verbunden ist, wird von Gott nicht mehr verurteilt" (Römer 8,1).

Nicht verurteilt. Nicht „in einem begrenzten Maß verurteilt", „angemessen verurteilt" oder „nur ein bisschen verurteilt". Das machen Menschen miteinander. Was sagt Gott zu seinen Kindern? „Nicht verurteilt."

Halten Sie sich an dieser Zusage fest. Oder besser noch: Gehen Sie mit dieser Zusage zu Ihrer persönlichen Schuldenuhr. Und wenn Sie dann auf die unermessliche Summe schauen, die Sie schuldig sind, eine Summe, die Sie niemals zurückzahlen können, dann verkünden Sie: „Wer nun mit Jesus Christus verbunden ist, wird von Gott nicht mehr verurteilt."

······························ Kapitel 10 ······························

Das geborgte Grab

Das Leben hat den Tod überwunden!
1. Korinther 15,54

Vor einigen Jahren erhielt ich einmal einen dringenden Anruf mit der Bitte, einen Mann im Krankenhaus zu besuchen, der gerade im Sterben lag. Ich kannte Peter nicht sehr gut, aber ich wusste, dass er für einen sehr ungesunden Lebensstil einen hohen Preis zahlen musste. Der jahrelange Drogen- und Alkoholmissbrauch hatte seinen Körper ausgezehrt. Obwohl er durch Jesus Frieden mit Gott gemacht hatte, kämpfte sein Körper gegen seine Leber an.

Als seine Ex-Frau mich anrief, stand sie an seinem Bett. Peter stehe an der Schwelle des Todes, sagte sie mir. Obwohl ich mich beeilte, überschritt er sie wenige Minuten, bevor ich eintraf. Im Krankenzimmer herrschte noch diese „Gerade erst passiert"-Atmosphäre. Die Ehefrau stand immer noch an seinem Bett. Sie hatte ihm das Haar aus der Stirn gestrichen. Auf dem Handrücken seiner linken Hand hatte er den Lippenstiftabdruck ihres Kusses. Schweißperlen standen auf seiner Stirn.

Als sie mich hereinkommen sah, hob sie den Kopf. Mit ihrem Blick und ihren Worten gab sie mir zu verstehen: „Er ist gerade gegangen."

Peter war leise gegangen. Er hatte uns verlassen. Vor einem Moment war er noch hier gewesen und jetzt war er ... ja, wo eigentlich? Er war gegangen, aber nicht weg, sondern weiter. Aber wohin weiter? Und in welcher Gestalt? An welchen Ort? Und wie? Was sah er, als er dort ankam? Was weiß oder tut er jetzt? Wir möchten es so gern verstehen.

Ist in Ihrem Leben schon mal jemand „gerade gegangen"? Was ist in dem Augenblick passiert, als Ihr Ehepartner aufgehört hat zu atmen, als der Herzschlag in seinem Brustkorb verstummte, als auf dem Monitor am Bett Ihrer Großmutter eine gerade Linie erschien und ein Dauerton ertönte?

Und was wird mit Ihnen passieren, wenn es so weit ist? Außer, wenn Jesus vorher wiederkehrt, wird dieser Moment kommen ... der letzte Atemzug, der letzte Herzschlag. Ihre Lungen werden luftleer sein und Ihr Kreislauf wird stillstehen. Was sind wir, wenn wir gestorben sind? Es gibt verschiedene Antworten darauf.

- Manche sagen: nichts. Wir werden verwesen. Der Tod ist eine Sackgasse. Unser Ruf und unsere Taten überleben vielleicht, aber wir nicht.
- Vielleicht Geister? Ein Phantom dessen, was wir einmal waren. Blass wie eine weiße Wand. Mit der Konsistenz des Morgennebels. Was werden wir sein, wenn wir gestorben sind? Nur noch ein Phantom?
- Oder Habichte. Oder Kühe. Oder ein Automechaniker in Hintertupfingen. Die Reinkarnation belohnt oder bestraft uns, je nach unserem Verhalten zu Lebzeiten. Wir kommen in einem anderen sterblichen Körper auf die Erde zurück.
- Oder ein Teil des Universums. Wir gehen in der Ewigkeit auf wie ein Regentropfen in einem See. Wir werden wieder zu dem, was wir einmal waren, bevor wir waren, was wir sind ... Wir kehren in das kosmische Bewusstsein des Universums zurück.

Das Christentum dagegen vertritt einen ganz neuen, verblüffenden Gedanken: „Der Tod ist auf der ganzen Linie besiegt!" (1. Korinther 15,54; NGÜ). Der Friedhof ist kein Ort des Verlustes, sondern vielmehr ein Ort des Sieges. Natürlich trauern wir um gläubige Menschen, die verstorben sind. Aber wir beneiden sie in gewisser Hinsicht auch. Dass wir Trauerlieder singen, ist verständlich, aber Posaunenklänge wären genauso angebracht.

Der Verheißung zufolge, die sich auf das leere Grab bezieht, ist Peter in einer so viel besseren Welt aufgewacht als dieser, dass nur Gott selbst ihn überreden könnte, wieder auf die Erde zurückzukehren. Das wissen wir, weil unter den Wundern von Jesus nur drei Ereignisse waren, bei denen Tote wiederauferweckt wurden. Ich glaube, es war sehr schwer für ihn, sie zu überreden zurückzukommen.

Menschen, die an Gottes Verheißungen glauben, halten an der unerschütterlichen Hoffnung fest, die auf der Auferstehung von Jesus beruht. Als Christen haben wir deshalb Grund zur Hoffnung, weil Jesus tatsächlich gestorben ist, das Grab wirklich verlassen hat und in den Himmel aufgestiegen ist, wo er in diesem Moment als das Haupt seiner Gemeinde herrscht.

Die Auferstehung hat alles verändert.

Es war der Sonntagmorgen nach der Hinrichtung am Freitag. Der Tag war noch nicht angebrochen. Die Jünger waren auseinandergegangen. Und der römische Scharfrichter dachte an sein Frühstück oder seine Arbeit oder seinen nächsten freien Tag. Aber er dachte nicht über den Kerl nach, den er an ein Kreuz genagelt und mit einem Speer durchbohrt hatte. Jesus war tot und begraben. Das waren doch alte Kamellen, oder?

Nein, waren es nicht.

Plötzlich fing die Erde an zu beben. Ein Engel des Herrn war vom Himmel herabgekommen, hatte den Stein vor dem Grab beiseitegewälzt und sich daraufgesetzt. Er leuchtete hell wie ein Blitz, und sein Gewand war weiß wie Schnee. Die Wachposten stürzten vor Schreck zu Boden und blieben wie tot liegen. Der Engel wandte sich an die Frauen: „Fürchtet euch nicht! Ich weiß, dass ihr Jesus, den Gekreuzigten, sucht. Er ist nicht mehr hier. Er ist auferstanden, wie er es vorhergesagt hat! Kommt her und seht euch die Stelle an, wo er gelegen hat." Matthäus 28,2–6

Wären diese Worte nie gesagt worden und wäre der Leichnam Jesu in einem geliehenen Grab zu Staub zerfallen, würden Sie dieses Buch jetzt nicht lesen und wir würden nicht über diese Verheißung sprechen. Aber diese Worte wurden gesagt und uns wurde diese Verheißung gegeben.

Nachdem er den Tod besiegt hatte, ging Jesus auf Auferstehungstour. Er erschien den Frauen in der Nähe des Grabes. Er erschien seinen Jüngern, als diese im Obergemach eines Hauses zusammengekommen waren. Er erschien zwei Jüngern auf dem Weg nach Emmaus. Er erschien seinen Freunden am Ufer des Sees Genezareth. Er sprach mit ihnen. Er aß mit ihnen. Sie berührten ihn. Sie hörten seine Stimme. Sie waren fest davon überzeugt, dass Jesus von den Toten auferstanden war.

Sie glaubten auch, dass seine Auferstehung das Versprechen war, dass auch wir den Tod besiegen würden. Was Gott für ihn tat, wird er auch für uns tun. Als Jesus von den Toten auferstand, war er die „Erstlingsfrucht" (1. Korinther 15,20.23). „Erstlingsfrüchte" bieten einen Vorgeschmack auf die Ernte.

Der Landwirt kann daran ablesen, wie die Ernte ausfallen wird. Und wir können an der Auferstehung von Jesus ablesen, wie unsere Auferstehung wohl aussehen wird. Was wird passieren, wenn Sie sterben? In der Bibel finden wir dazu einige faszinierende Versprechen.

Ihr Geist wird augenblicklich in der Gegenwart Gottes sein. Sie werden die bewusste Gemeinschaft mit Gott und mit denen genießen, die Ihnen vorangegangen sind. Ihr Körper wird später nachkommen. Wir glauben das wegen Versen wie diesem: „Aber wir rechnen fest damit und würden am liebsten diesen Leib verlassen, um endlich zu Hause beim Herrn zu sein" (2. Korinther 5,8).

Als Peters Ex-Frau mich fragte, was jetzt mit ihrem Mann sei, konnte ich mit Recht sagen: „Er hat seinen Leib verlassen und ist zu Hause bei Gott."

Ist das nicht genau das, was Jesus dem Verbrecher am Kreuz versprochen hat? „Noch heute wirst du mit mir im Paradies sein" (Lukas 23,43). „Noch heute", hat Jesus versprochen. Ohne Verzögerung. Ohne Pause. Keine Läuterung im Fegefeuer und kein Seelenschlaf. Als der Verbrecher hier auf der Erde die Augen zumachte, wachte er im Paradies wieder auf. Die Seele des Gläubigen geht nach Hause, während der Körper des Gläubigen auf die Auferstehung wartet.

Mein Freund Luis hat diese Reise bereits gemacht. Während der letzten beiden Jahre seines Lebens hat er mich in dem Laden begrüßt, in dem er arbeitete und ich mir morgens meinen Kaffee holte. Er war so freundlich und sanftmütig. Auch als sein Herz immer schwächer wurde, gab er die Hoffnung nie auf. In der vergangenen Woche hat sein Herz aufgehört zu schlagen.

Er erlitt dreimal einen Herzstillstand. Zweimal konnten ihn die Ärzte reanimieren. Nach dem ersten Mal holte man seine Frau ins Krankenzimmer. Was auch immer er gesehen hatte, veranlasste ihn dazu, zu seiner Frau zu sagen: *„Ven conmigo, está muy bonito."* („Komm mit, es ist wunderschön.")
Das Paradies ist die erste Station des Himmels.

Aber das Paradies ist nicht die endgültige Version des Himmels oder die letztendliche Form unseres Zuhauses.

Das letzte Zeitalter wird an dem Tag beginnen, an dem Jesus Christus wiederkommt. „Auf den Befehl Gottes werden die Stimme des höchsten Engels und der Schall der Posaune ertönen, und Christus, der Herr, wird vom Himmel herabkommen" (1. Thessalonicher 4,16). Noch bevor Sie die Engel sehen, die Posaunen hören oder Ihre Großeltern in die Arme schließen, werden Sie von der Stimme Jesu umgeben sein: „Mächtig wie das Brüllen eines Löwen erklingt die Stimme des Herrn aus der Höhe" (Jeremia 25,30).

Er wird die Körper auferwecken und die Seelen der Toten herbeirufen. „Die Zeit wird kommen, […] in der die Toten die Stimme von Gottes Sohn hören werden. […] Der Tag wird kommen, an dem die Toten in ihren Gräbern die Stimme von Gottes Sohn hören werden. Dann werden alle Menschen ihre Gräber verlassen" (Johannes 5,25.28–29). Der, der uns erschaffen hat, wird uns aus allen Himmelsrichtungen zusammenrufen. „Der Herr hat sein Volk in alle Winde zerstreut. Aber nun sammelt er es wieder" (Jeremia 31,10; NL).

Ich habe schon oft auf Friedhöfen gestanden und versucht, mir diesen Augenblick vorzustellen. An der Straße, auf der Denalyn und ich oft spazieren gehen, liegt ein kleiner, alter

Friedhof. Die Inschriften auf den Grabsteinen sind mittlerweile so verwittert, dass man sie schon nicht mehr entziffern kann. Es hat sich sicher schon seit einem Jahrhundert niemand mehr darum gekümmert. Die wenigen Grabsteine, die man noch lesen kann, sind alle mit dem gleichen Nachnamen versehen; ich vermute, es handelt sich hier um einen Familienfriedhof. Dieser Friedhof bildet nur eine von Millionen von Grabstätten auf diesem Planeten. Aber wenn diese Worte aus Jeremia wahr sind, dann wird hier eines Tages ein unbeschreibliches Wunder passieren. Derselbe Gott, der das Grab von Josef von Arimathäa erschütterte, wird auch die Erde auf diesem schlichten Friedhof zum Beben bringen. Das Gras wird von unten zur Seite geschoben. Die Särge werden sich öffnen und die Leiber dieser Farmer, an die sich heute niemand mehr erinnert, werden in den Himmel gerufen.

Aber in welcher Gestalt? Wie werden diese Körper aussehen? In welcher Gestalt werden sie erscheinen? Sie sind doch verwest, manche sind nur noch Staub. Sie wurden durch Krankheiten oder Verstümmelungen entstellt. Manche wurden von Kugeln durchlöchert oder vom Feuer verbrannt. Wie können diese Leiber wieder in einem Zustand sein, der des Himmels würdig ist?

Hier ist Paulus' Antwort darauf:

Unser irdischer Körper ist wie ein Samenkorn, das einmal vergeht. Wenn er aber auferstehen wird, ist er unvergänglich. Unser Körper ist jetzt noch unansehnlich und schwach; wenn er aber aufersteht, ist er herrlich und voller Kraft. Begraben wird unser irdischer Körper; aber auferstehen werden wir mit einem

Körper, der von unvergänglichem Leben erfüllt ist. Denn wie es einen sterblichen Körper gibt, so gibt es auch einen unsterblichen.
1. Korinther 15,42–44

Der Geist wird wieder mit dem Körper vereint und so zu einem unsterblichen geistlichen Leib. Genauso wie aus einem Samen eine Pflanze wird, wird aus diesem sterblichen Körper ein unsterblicher. Und Ihr unsterblicher Körper wird Ihnen gefallen. Sie haben noch nie gesehen, wie Sie aussehen, wenn Sie vollkommen und fehlerlos sind. Selbst an Ihren besten Tagen sind Sie Bakterien, Müdigkeit oder Verletzungen ausgesetzt. Sie kennen sich nicht so, wie Gott Sie im Sinne hatte, als er Sie erschuf. Aber Sie werden sich kennenlernen! Versuchen Sie einmal, sich einen Körper vorzustellen, der nicht überall schmerzt, oder ein Gehirn, das nicht ständig auf Wanderschaft geht. Stellen Sie sich Ihre Person so vor, wie Sie eigentlich sein sollten: in jeder Hinsicht heil.

Und wenn Ihre Fantasie jetzt warmgelaufen ist, dann stellen Sie sich auch noch die Erde so vor, wie sie ursprünglich gedacht war: völlig friedlich. „Dann werden Wolf und Lamm friedlich beieinander wohnen, der Leopard wird beim Ziegenböckchen liegen. Kälber, Rinder und junge Löwen weiden zusammen, ein kleiner Junge kann sie hüten" (Jesaja 11,6). Die Löwen brüllen nicht länger. Bären zerfetzen niemanden mehr. Nichts und niemand wird rebellieren. Das nächste Zeitalter wird friedlich sein, weil es sich bereitwillig Gott unterstellt.

„Nichts wird je wieder unter einem Fluch stehen" (Offenbarung 22,3; NL). Keine Probleme mehr mit irgendwelchen Gegebenheiten auf der Erde. Keine Scham mehr vor Gott. Keine zwischenmenschlichen Spannungen mehr. Kein Tod mehr. Kein Fluch mehr. Wenn der Fluch von uns genommen wurde, werden Gottes Volk und das Universum in ihren ursprünglichen Zustand zurückversetzt. Satan, der Versucher, wird „ins ewige Feuer, das für den Teufel und seine Engel bestimmt ist" geworfen (Matthäus 25,41).

In diesem Augenblick hat „das Leben ... den Tod überwunden" (1. Korinther 15,54).

Machen Sie diese Verheißung zu einem der Grundpfeiler Ihres Lebenshauses. Betrachten Sie den Tod durch die Brille der Auferstehung von Jesus. Natürlich macht der Gedanke traurig, dass wir einmal sterben müssen oder dass geliebte Menschen einmal sterben werden. Aber wir müssen darüber nicht verzweifeln. Das Grab konnte Christus nicht aufhalten, und da Jesus Christus in Ihnen lebt, werden auch Sie nicht lange im Grab liegen. „Wir alle aber warten auf den neuen Himmel und die neue Erde, die Gott uns zugesagt hat" (2. Petrus 3,13).

Das hat Gott uns versprochen. Er wird seine Schöpfung zurückfordern. Er ist ein Gott der Wiederherstellung und nicht der Zerstörung. Er ist ein Gott der Erneuerung, der Erlösung, der Auferstehung. Gott liebt es, Dinge neu zu machen und wiederherzustellen.

„Sieh doch, ich mache alles neu!", hat er verkündet (Offenbarung 21,5). Alles neu. Das Alte wird verschwinden. Wartezimmer im Krankenhaus wird es nicht länger geben. Scheidungsurteile mit Tränenspuren darauf wird es nicht länger geben. Ultraschalluntersuchungen, die keine Herztöne hören lassen, wird es nicht länger geben. Einsamkeit, Zwangsvollstreckungen und Missbrauch wird es nicht länger geben. Krebs wird es nicht länger geben. Gott wird jedes Atom, jedes Gefühl, jedes Insekt, jedes Tier und jede Galaxie in die Hand nehmen. Er wird jeden kranken Körper und jede Traurigkeit zurückfordern. *Ich mache alles neu.*

In dem Film „Besser geht's nicht" spielt Jack Nicholson einen übellaunigen New Yorker Schriftsteller, der alle anschnauzt, die ihm über den Weg laufen. Er ist reich, einsam, verbittert und ängstlich. Er hat so viele Phobien wie der Amazons Piranhas und sie nagen an ihm. Er hat Angst davor, auf die Pflasterfugen des Gehwegs zu treten, ein Stück Seife zweimal zu verwenden oder irgendjemandem die Hand zu schütteln. Er isst immer im selben Restaurant, am selben Tisch, bestellt das gleiche Gericht bei derselben Kellnerin.

Eines Tages erreicht seine Neurose einen Höhepunkt und er geht zu seinem Psychoanalytiker. Als er das Wartezimmer betritt, das mit Patienten überfüllt ist, seufzt er. Er vermeidet jeden Körperkontakt, kann sich aber dem Einfluss dieser traurigen Ansammlung elender Menschen nicht entziehen. „Besser geht es wohl nicht?", fragt er.

Viele Menschen nehmen genau das an. Sie gehen irrtümlicherweise davon aus, dass ihre schönsten Augenblicke, ihre größten Freudenmomente und die intensivsten Erlebnisse sich irgendwann zwischen Wiege und Bahre ereignen. Jemand sollte ihnen mal sagen, dass das erst der Anfang ist. Besser geht's nicht? Für Christen ist diese Welt das Schlimmste, was ihnen passieren kann.

Machen Sie Ihr Herz an dieser Hoffnung fest. „Auf uns wartet also ein neues Reich, das niemals erschüttert wird" (Hebräer 12,28) – deshalb haben wir eine Hoffnung, die niemals und durch nichts erschüttert wird. Richten Sie Ihr Herz und Ihren Blick darauf.

Darum verlieren wir nicht den Mut. Wenn auch unsere körperlichen Kräfte aufgezehrt werden, wird doch das Leben, das Gott uns schenkt, von Tag zu Tag erneuert. Was wir jetzt leiden müssen, dauert nicht lange. Es ist leicht zu ertragen und bringt uns eine unendliche, unvorstellbare Herrlichkeit. Deshalb lassen wir uns von dem, was uns zurzeit so sichtbar bedrängt, nicht ablenken, sondern wir richten unseren Blick auf das, was jetzt noch unsichtbar ist. Denn das Sichtbare vergeht, doch das Unsichtbare bleibt ewig. 2. Korinther 4,16–18

Das Verb, das hier mit *den Blick auf etwas richten* übersetzt wird, ist *skopéin*, das *beobachten, ausspähen* bedeutet und auch in Wörtern wie *Mikroskop* oder *Teleskop* vorkommt. Wenn man durch ein Teleskop schaut, ist der Blick konzentriert in die Ferne gerichtet. Richten Sie Ihren Blick also fest auf den uns versprochenen Himmel.

Lassen Sie sich von der Hoffnung auf ein Morgen die Kraft für heute geben. Der bedeutendste Augenblick Ihres Lebens wird Ihr letzter sein! Ich weiß, dass die meisten Menschen etwas anderes sagen. Der Tod und alles, was damit zu tun hat, muss vermieden, verdrängt und ignoriert werden. Aber diese Menschen haben nicht das, was Sie haben. *Sie* haben eine Verheißung des lebendigen Gottes. Ihr Tod wird vom Leben überwunden, von einem neuartigen Leben!

Jesus Christus ist nicht nur von den Toten auferstanden, um seine Macht zu beweisen, sondern auch um Ihnen Ihren

Weg zu zeigen. Er wird Sie durch das Tal des Todes hindurchführen.

Vor einigen Wochen saß ich eine Stunde im Büro eines Friedhofsverwalters. Ein weiterer Geburtstag hat mich daran erinnert, dass der Tag meines Weggangs immer näher kommt. Es erschien mir richtig, Vorbereitungen für meine Beerdigung zu treffen. Aber andererseits auch wieder nicht. (Vor allem nicht, als ich erfuhr, wie teuer ein Grab ist!)

Als der Mitarbeiter mir die Karte des Friedhofs zeigte, auf der die freien Flächen eingezeichnet waren, kam mir eine Idee. „Sie werden jetzt wahrscheinlich denken, dass ich verrückt bin", sagte ich, „aber könnte ich eine Botschaft für meinen Grabstein aufnehmen? So eine Art Sprachnachricht fürs Grab?"

Ich muss ihm zugutehalten, dass er mich nicht für verrückt erklärte, sondern versprach, dies in Erfahrung zu bringen. Nach wenigen Tagen überbrachte er mir die gute Nachricht. „Ja, das ist möglich. Man kann eine Nachricht aufnehmen und in den Grabstein einbauen. Auf Knopfdruck wird sie dann abgespielt."

Ich bedankte mich und machte mich an die Arbeit. Innerhalb von wenigen Minuten hatte ich die Botschaft verfasst. Ich habe sie noch nicht aufgenommen, aber vielleicht kann ich sie an Ihnen ausprobieren.

Auf dem Granitstein wird sich ein Knopf mit dem Hinweis „Für eine Nachricht von Max drücken Sie bitte auf den Knopf" befinden. Wenn Sie genau das tun, werden Sie Folgendes hören:

Danke, dass Sie vorbeischauen. Sie haben mich leider verpasst. Ich bin nicht da. Ich bin zu Hause. Endlich zu Hause. Irgendwann wird mein König rufen, und dann wird sich zeigen, dass dieses Grab nur ein vorübergehender Ruheort war. Sie sollten lieber zur Seite treten, falls es passiert, während Sie hier stehen. Vielen Dank noch mal für Ihren Besuch. Ich hoffe, Sie haben Vorkehrungen für Ihren eigenen Abschied getroffen. Alles Gute, Max.

Ja, ich muss noch daran arbeiten. Die Wortwahl wird sich vielleicht noch ändern, aber die Verheißung bleibt: „Das Leben hat den Tod überwunden!" (1. Korinther 15,54).

·························· Kapitel 11 ··························

Bald jubeln wir wieder vor Freude

*Die Nacht ist noch voll Weinen, doch mit dem Morgen
kommt die Freude.*
Psalm 30,6; NL

Amanda Todd war eine kanadische Teenagerin, die im Alter von fünfzehn Jahren unbeabsichtigt zur Sprecherin aller Verzweifelten wurde. Ein Chatpartner hatte sie dazu überredet, sich von ihm oben ohne fotografieren zu lassen. Später erpresste er sie damit, dass er das Bild ins Netz stellen würde, wenn sie ihm nicht noch mehr von sich zeigte, doch obwohl sie dies tat, stellte er das Foto trotzdem ins Netz. Sie wurde mit Demütigungen überschüttet. Egal, ob in der Schule oder im Internet: Überall wurde sie zum Gespött.

Amanda war ohnehin ein empfindsamer, zurückgezogener Mensch, doch jetzt schottete sie sich noch mehr ab. Sie ging Freunden aus dem Weg und blieb zu Hause. Aber sie konnte den Textnachrichten, Anrufen und Blicken nicht entfliehen. Sie wechselte die Schule, aber der Spott folgte ihr. Drei Jahre lang wurde sie gemobbt. Sie flüchtete in Alkohol und Drogen. Sie begann, sich zu ritzen. Sie versteckte sich in ihrem Zimmer. Sie trank Bleichmittel, um sich das Leben zu nehmen. In ihrer Verzweiflung stellte sie schließlich ein neunminütiges Video auf YouTube online. Auf Karteikarten, die sie zu einer traurigen Melodie zeigte, hatte sie das Grauen der letzten Monate festgehalten: die Schande, die sie über ihre Familie gebracht hatte; den Schmerz, den sie sich selbst zugefügt hatte. Auf dem Video ist nur die untere Hälfte ihres Gesichts zu sehen und die Botschaft auf den Karten.

Was teilte sie der Öffentlichkeit mit?

Ich habe niemanden.
Ich brauche jemanden. :-(
Mein Name ist Amanda Todd.

Einen Monat, nachdem sie das Video hochgeladen hatte, versuchte sie erneut, sich das Leben zu nehmen. Diesmal gelang es ihr.[31]

Wenn die Hoffnung eine Regenwolke wäre, dann hat Amanda Todd in der Sahara gelebt. Sie suchte verzweifelt nach einem Grund, am Leben zu bleiben, fand aber keinen. Hat Gott eine Verheißung für Menschen wie sie?

Das sollte er besser. Jeder kann Motivationsreden halten, aber wenn Gott wirklich der ist, der er zu sein behauptet, dann sollte er wirklich eine Botschaft für die Niedergeschlagenen haben. Selbsthilfebücher können einem helfen, schlechte Laune oder schlechte Zeiten zu überstehen. Aber was ist, wenn jemand in der Kindheit missbraucht wurde oder nach einem Unfall körperlich behindert ist oder seit Jahren chronische Schmerzen hat oder ganz offen gemobbt wird? Hat Gott auch eine Botschaft für die Zeiten in unserem Leben, wenn alles ganz finster aussieht?

Das hat er. Die Verheißung fängt mit diesem Satz an: „Die Nacht ist noch voll Weinen" (Psalm 30,5; NL).

Das kennen Sie natürlich. Sie mussten diesen Satz nicht erst lesen, um zu wissen, dass er wahr ist. Die Nacht kann durchaus voll Weinen sein. Fragen Sie nur einmal die Witwe auf dem Friedhof oder die Mutter in der Notaufnahme. Der Mann, der seinen Job verloren hat, kann es Ihnen auch bestätigen. Und der Teenie, der die Orientierung verloren hat, auch. Die Nacht ist voll Weinen. Und die nächste auch. Und die übernächste auch.

Das ist nichts Neues für Sie.

Aber das hier vielleicht: „... doch mit dem Morgen kommt die Freude" (Psalm 30,5; NL). Die Verzweiflung wird nicht das letzte Wort haben. Die Trauer hält nicht ewig an. Die Wolken verdecken zwar die Sonne, aber sie können sie nicht für immer aussperren. Die Nacht mag zwar die Dämmerung hinauszögern, aber sie kann sie nicht verhindern. Der Morgen wird kommen. Nicht so schnell, wie wir es uns wünschen. Nicht so dramatisch, wie wir es gern hätten. Aber der Morgen kommt und mit ihm die Freude.

Brauchen Sie diese Verheißung gerade? Haben Sie schon ganze Bäche an Tränen vergossen? Haben Sie die Hoffnung aufgegeben? Fragen Sie sich, ob der Morgen jemals diese Nacht beenden wird? Das hat sich Maria Magdalena auch gefragt.

Unter den Bäumen des Neuen Testaments ist sie die Trauerweide. Sie ist diejenige, die der eisige Winter tragischer Ereignisse fest im Griff hat. Bevor sie Jesus traf, war sie von sieben Dämonen besessen gewesen (Lukas 8,2). Sie wurde von sieben Leiden geplagt. Was wohl auf dieser Liste stand? Depression? Einsamkeit? Scham? Angst? Vielleicht lebte sie völlig zurückgezogen oder war eine Prostituierte. Vielleicht war sie misshandelt und verlassen worden. Die Zahl 7 steht in der Bibel manchmal auch für Vollkommenheit. Vielleicht war Maria Magdalena vollkommen von ihren Sorgen überwältigt.

Aber dann passierte etwas: Jesus kam in ihre Welt. Er sprach ein Wort und die Dämonen flohen. Zum ersten Mal seit sehr langer Zeit waren diese erdrückenden Mächte weg. Verbannt.

Vertrieben. Maria Magdalena konnte wieder gut schlafen, normal essen und lächeln. Das Gesicht, das ihr im Spiegel entgegenblickte, war nicht länger schmerzverzerrt.

Jesus brachte wieder Leben in ihr Leben.

Und sie revanchierte sich. Sie war eine der Frauen, die Jesus nachfolgten und ihn und seine Jünger mit ihren Mitteln unterstützten (Lukas 8,3). Wo auch immer Jesus hinging, folgte Maria Magdalena ihm. Sie hörte zu, wenn er lehrte. Sie sah es, wenn er Wunder vollbrachte. Sie trug zum Unterhalt bei. Vielleicht hat sie sogar für ihn gekocht. Sie war immer in der Nähe von Jesus.

Selbst bei der Kreuzigung. Sie stand „bei dem Kreuz, an dem Jesus hing" (Johannes 19,25).

Als sie ihm die Nägel durch die Hände schlugen, hörte sie die Hammerschläge. Als sie ihm den Speer in die Seite stießen, sah sie, wie Blut und Wasser herausströmten. Als sie seinen Leichnam vom Kreuz nahmen, war sie unter jenen, die ihn für das Begräbnis vorbereiteten.

Am Freitag sah Maria Magdalena, wie Jesus starb.

Am Samstag feierte sie einen traurigen Sabbat.

Als der Sonntag anbrach, ging Maria Magdalena zum Grab, um das, was sie am Freitag angefangen hatte, zu Ende zu bringen. „Am Sonntagmorgen, dem ersten Tag der neuen Woche, ging Maria aus Magdala noch vor Sonnenaufgang zum Grab" (Johannes 20,1). Sie wusste nicht, dass das Grab leer war. Sie wollte vielleicht einfach nur das restliche Blut aus seinem Bart waschen und Abschied nehmen.

Es war ein dunkler Morgen.

Als sie zum Grab kam, verdüsterte sich der Morgen weiter. Maria Magdalena sah, „dass der Stein, mit dem das Grab verschlossen gewesen war, nicht mehr vor dem Eingang lag" (Vers 1). Weil sie annahm, dass Grabräuber den Leichnam gestohlen hatten, eilte sie den Weg zurück, bis sie auf Petrus und Johannes stieß. „Sie haben den Herrn aus dem Grab geholt" (Vers 2), berichtete sie diesen. Petrus und Johannes rannten zum Grab. Johannes war schneller, aber Petrus mutiger. Er betrat das Grab. Johannes folgte ihm. Petrus starrte ungläubig auf die Stelle, an der Jesus gelegen hatte. Aber Johannes sah das leere Grab und wusste, was geschehen war. Für ihn passte alles zusammen: die Prophetien über die Auferstehung, der weggerollte Grabstein, die leinenen Totentücher, das zusammengefaltete und beiseitegelegte Tuch, das um Jesu Kopf gewickelt war. Johannes zählte eins und eins zusammen. Niemand hatte den Leichnam gestohlen. Es waren keine Grabräuber gewesen. Jesus war von den Toten auferstanden. Johannes sah, was geschehen war, und glaubte daran. Er war der Erste, der Ostern feierte.

Petrus und Johannes rannten los, um den anderen davon zu erzählen. Man erwartet nun, dass die Kamera diesen beiden Männern folgt. Schließlich sind sie Apostel und die zukünftigen Verfasser biblischer Bücher. Die beiden waren zwei Drittel des inneren Kreises um Jesus. Man würde doch erwarten, dass Johannes jetzt berichtet, was die Apostel als Nächstes taten. Aber das tut er nicht. Er erzählt die Geschichte derjenigen, die zurückblieb.

„Maria aus Magdala […] blieb voller Trauer davor stehen" (Vers 11).

Tränen strömten über ihr Gesicht. Ihre Schultern bebten, weil sie so sehr schluchzte. Sie fühlte sich ganz verlassen. In der

Stille dieses Morgens gab es nur Maria Magdalena, ihre Verzweiflung und ein leeres Grab auf diesem Friedhof. „Weinend schaute sie in die Kammer und sah zwei weiß gekleidete Engel an der Stelle sitzen, wo der Leichnam von Jesus gelegen hatte; einen am Kopfende, den anderen am Fußende. ‚Warum weinst du?', fragten die Engel" (Verse 11–13).

Maria Magdalena hielt die Engel für Männer. Man kann sich gut vorstellen, warum. Draußen war es immer noch dunkel und im Grab war es noch dunkler. Ihr Blick war tränenverschleiert. Sie kam gar nicht auf den Gedanken, dass Engel im Grab waren. Leichenjäger? Vielleicht. Friedhofsgärtner? Wahrscheinlich. Ihr Sonntagmorgen war in jeder Hinsicht zu finster, um mit Engeln zu rechnen. „Sie haben meinen Herrn weggenommen, und ich weiß nicht, wo sie ihn hingebracht haben" (Vers 13).

Maria war jetzt offiziell am Tiefpunkt ihres Lebens angelangt. Ihr Herr war umgebracht worden. Sein Leichnam war in einem geliehenen Grab beigesetzt worden. Das Grab war ausgeraubt worden. Sein Leichnam war gestohlen worden. Und jetzt saßen zwei Fremde auf der Steinplatte, auf der er gelegen hatte. Trauer vermischte sich mit Wut.

Haben Sie auch schon einmal erlebt, dass eine Situation nicht nur schlimm war, sondern noch schlimmer wurde? Dass die Trauer Sie wie dichter Nebel umgeben hat? Dass Sie nach Gott gesucht haben, ihn aber nicht finden konnten?

Vielleicht ist die Geschichte von Maria Magdalena auch Ihre Geschichte. Wenn das so ist, wird Ihnen gefallen, was dann passierte: In Marias dunkelster Stunde leuchtet das Licht der Welt auf.

Als sie sich umblickte, sah sie Jesus dastehen. Aber sie erkannte ihn nicht. Er fragte sie: „Warum weinst du? Wen suchst du?" Maria hielt Jesus für den Gärtner und fragte deshalb: „Hast du ihn weggenommen? Dann sag mir doch bitte, wohin du ihn gebracht hast. Ich will ihn holen." Verse 14–15

Sie erkannte ihren Herrn nicht. Also half Jesus nach. Er sprach sie mit ihrem Namen an. „,Maria!', sagte Jesus nun" (Vers 16). Vielleicht lag es an der Art und Weise, wie er ihren Namen aussprach. Am Tonfall. An der Stimme. Am galiläischen Einschlag. Vielleicht musste sie an den Augenblick zurückdenken, als jemand zum ersten Mal ihren Namen gesagt hatte, ohne dass etwas Anzügliches darin mitschwang.

„Maria."

Als sie ihren Namen hörte, wusste sie, wen sie vor sich hatte. „Sie wandte sich ihm zu und rief: ‚Rabbuni!' Das ist Hebräisch und heißt: ‚Mein Lehrer'" (Vers 16). Innerhalb einer Sekunde, im Handumdrehen, in dem Augenblick, als sie sich zu ihm umdrehte, veränderte sich ihre Welt. Es war nicht länger die Welt, in der Jesus tot war, sondern die Welt, in der er wieder lebendig war. *Die Nacht ist noch voll Weinen, doch mit dem Morgen ...*

Sie griff nach ihm. Das wissen wir, weil Jesus daraufhin sagte: „Halte mich nicht fest! Denn ich bin noch nicht zu meinem Vater in den Himmel zurückgekehrt" (Vers 17).

Vielleicht fiel sie ihm zu Füßen und umklammerte seine Fußgelenke.

Vielleicht fiel sie ihm um den Hals und drückte ihn an sich.

Wir wissen nicht, wie und wo sie ihn festhielt. Wir wissen nur, dass sie es tat.

Und Jesus ließ es zu. Auch wenn diese Geste nur einen Moment lang dauerte, so ließ Jesus es doch zu. Ist es nicht wunderbar, dass der auferstandene Herr nicht zu heilig, zu andersartig, zu göttlich, zu übernatürlich war, um ihn anzufassen?

Dieser Augenblick spielt eine heilige Rolle in der Geschichte von Ostern. Er erinnert uns daran, dass Jesus gleichzeitig der siegreiche König und der gute Hirte ist. Er hat die Macht über den Tod. Aber er hat auch eine Schwäche für die Maria Magdalenas dieser Welt. Der königliche Held ist kompromisslos zartfühlend.

Ich wünschte, ich könnte diese Szene malen, könnte sie in Öl auf einer Leinwand festhalten und einrahmen. Der strahlend goldene Sonnenaufgang. Das offene Grab. Die Engel sehen aus einiger Entfernung zu. Der weiß gekleidete Messias. Die vor Freude strahlende Maria, die ihm ihre Hände entgegenstreckt. Sein Blick, der auf ihr ruht. Wenn Sie Künstler sind und diese Szene malen, dann malen Sie sie doch bitte so, dass sich das Licht der aufgehenden Sonne in Marias Tränen spiegelt. Und Sie müssen unbedingt ein breites Lächeln auf das Gesicht von Jesus malen.

„Maria aus Magdala lief nun zu den Jüngern und berichtete ihnen: ‚Ich habe den Herrn gesehen!' Und sie erzählte alles, was Jesus ihr gesagt hatte" (Vers 18). Ihr! Von all den Menschen, mit denen er hätte sprechen können, kam Jesus zuerst zu ihr! Er hatte gerade die Pforten der Hölle aus den Angeln gehoben. Er hatte eben erst Satan die Zähne gezogen. Er hatte soeben aus „v. Chr." „n. Chr." gemacht, meine Güte! Jesus war der unumstrittene Herrscher des Universums. Zehntausend Engel standen ihm voll andächtiger Bewunderung zum Dienst bereit.

Und was tat er als Allererstes? Zu wem kam er? Zu Maria, der weinenden, trauernden Frau, die einmal von sieben Dämonen besessen gewesen war.

Warum? Warum gerade sie? Wir wissen nicht, ob sie in die Mission ging. Keiner der neutestamentlichen Briefe stammt von ihr. Kein neutestamentlicher Bericht beschreibt ihr Lebenswerk. Warum hat Jesus Maria Magdalena diesen Augenblick geschenkt? Vielleicht, um allen Niedergeschlagenen diese Botschaft zu vermitteln: „Die Nacht ist noch voll Weinen, doch mit dem Morgen kommt die Freude" (Psalm 30,5; NL).

Bald werden wir wieder vor Freude jubeln.

Wir werden vor Freude jubeln, weil Jesus zurückkehrt. Und wenn wir ihn nicht erkennen, ruft er uns beim Namen. „Unauslöschlich habe ich deinen Namen auf meine Handflächen geschrieben" (Jesaja 49,16).

Ihr Name steht nicht in irgendeiner himmlischen Akte, die tief im Archiv vergraben ist. Sie müssen kein Namensschild tragen, um Gottes Namensgedächtnis auf die Sprünge zu helfen. Er hat sich Ihren Namen auf seine Handflächen tätowiert, unauslöschlich hat er ihn darauf geschrieben. Er denkt häufiger an Sie, als es Sandkörner am Pazifikstrand gibt.

Sie sind Gottes Ein und Alles.

Ich habe einmal eine Geschichte über einen Priester in Detroit gelesen, der nach Irland reiste, um seine Verwandten zu besuchen. Eines Tages ging er mit seinem Onkel an den Lakes of Killarney spazieren. Sie betrachteten den Sonnenaufgang und die beiden Männer sagten zwanzig Minuten lang fast kein Wort. Als sie weitergingen, bemerkte der Priester, dass sein Onkel lächelte.

„Onkel Seamus", sagte er, „du siehst sehr glücklich aus."
„Das bin ich auch."
„Wie das?"
„Der Vater von Jesus hat mich sehr lieb."[32]
Und er hat auch Sie sehr lieb.

Fällt es Ihnen schwer, das zu glauben? Denken Sie, ich meine jemand anderes? Jemanden, der heiliger, besser, netter ist als Sie? Jemanden, der seine Ehe oder seine Karriere nicht in den Sand gesetzt hat? Jemanden, der nicht nach Tabletten, Pornografie oder Anerkennung süchtig ist?

Nein, meine ich nicht. Ich spreche direkt zu Ihnen.

Ich wage es zu behaupten, dass die beste Nachricht schlechthin nicht die ist, dass Gott diese Welt erschaffen hat, sondern dass Gott diese Welt liebt. Er liebt Sie. Sie haben sich seine Liebe nicht verdient. Seine Liebe hört nicht auf, wenn Sie mal die Geduld verlieren. Seine Liebe zu Ihnen endet nicht, wenn Sie mal vom Weg abkommen. Seine Liebe zu Ihnen lässt nicht nach, wenn Ihre Disziplin es tut.

Es gibt keinen einzigen Tag in Ihrem Leben, an dem Gott Sie nicht geliebt hat.

Jemand hat Ihnen erzählt, dass Gott die guten Menschen liebt. Falsch. Es gibt keine guten Menschen.

Jemand hat Ihnen erzählt, dass Gott Sie liebt, wenn Sie ihn zuerst lieben. Falsch. Er liebt sogar die Menschen, die noch nie einen Gedanken an ihn verschwendet haben.

Jemand hat Ihnen erzählt, Gott sei genervt, launisch und rachsüchtig. Falsch. *Wir* sind oft genervt, launisch und rachsüchtig. Aber Gott?

Barmherzig und gnädig ist der Herr, groß ist seine Geduld und grenzenlos seine Liebe! Er beschuldigt uns nicht endlos und bleibt nicht für immer zornig. Er bestraft uns nicht, wie wir es verdienen; unsere Sünden und Verfehlungen zahlt er uns nicht heim. Denn so hoch, wie der Himmel über der Erde ist, so groß ist seine Liebe zu allen, die Ehrfurcht vor ihm haben. So fern, wie der Osten vom Westen liegt, so weit wirft Gott unsere Schuld von uns fort! Wie ein Vater seine Kinder liebt, so liebt der Herr alle, die ihn achten und ehren. Psalm 103,8–13

Gott liebt Sie, und weil er das tut, können Sie sicher sein, dass Sie bald wieder Grund zur Freude haben werden.

Mary Cushman hat dies selbst erlebt.[33] Die Wirtschaftskrise hätte ihre Familie in den 1930ern beinahe zugrunde gerichtet. Der Durchschnittslohn ihres Mannes schrumpfte auf 18 Dollar pro Woche. Weil er aber sehr kränklich war, verdiente er oft nicht einmal das.

Sie fing an, Wäsche zu waschen und zu bügeln. Ihre fünf Kinder bekamen Kleidung von der Heilsarmee. Eines Tages beschuldigte der örtliche Lebensmittelhändler, dem sie 50 Dollar schuldeten, ihren Sohn des Ladendiebstahls.

Sie konnte es nicht länger ertragen. Sie sagte:

Ich hatte keine Hoffnung mehr. [...] Ich schaltete die Waschmaschine aus, nahm meine kleine fünfjährige Tochter mit ins Schlafzimmer und stopfte alle Ritzen mit Zeitungspapier zu. [...] Ich drehte die Gasheizung auf, die wir im Schlafzimmer hatten, und zündete sie nicht an. Als ich mich mit meiner kleinen Tochter ins Bett legte, sagte sie: „Mama, das ist aber komisch – wir sind doch

vorhin erst aufgestanden!" Aber ich entgegnete: „Macht nichts, wir ruhen uns ein bisschen aus." Dann schloss ich die Augen und lauschte dem Geräusch des entweichenden Gases. Den Gasgeruch werde ich niemals vergessen. [...]
Plötzlich glaubte ich Musik zu hören. Ich lauschte. Ich hatte vergessen, das Radio in der Küche auszuschalten. Das war jetzt auch gleichgültig. Aber die Musik lief weiter, und dann hörte ich, wie jemand ein altes Kirchenlied sang:

Welch ein Freund ist unser Jesus,
o, wie hoch ist er erhöht!
Er hat uns mit Gott versöhnet
und vertritt uns im Gebet.
Wer mag sagen und ermessen,
wie viel Heil verlorengeht,
wenn wir nicht zu ihm uns wenden
und ihn suchen im Gebet!

Während ich auf das Lied lauschte, wurde mir bewusst, dass ich einen schlimmen Fehler begangen hatte. Ich hatte versucht, meine schweren Kämpfe allein auszufechten. [...] Ich sprang auf, drehte den Gashahn zu und öffnete Tür und Fenster.

Sie erzählt weiter, wie sie Gott den Rest des Tages für den Segen dankte, den sie aus dem Blick verloren hatte: fünf gesunde Kinder. Sie versprach, nie wieder undankbar zu sein. Sie verloren schließlich ihr Zuhause, aber sie verlor nie die Hoffnung. Sie überstanden die Wirtschaftskrise. Ihre fünf Kinder wuchsen heran, heirateten und hatten selbst Kinder.

Wenn ich heute auf jenen grauenvollen Tag zurückschaue, an dem ich das Gas aufgedreht habe, danke ich Gott immer wieder, dass ich rechtzeitig „aufgewacht" bin. Wie viel Freude wäre mir entgangen. [...] Wie viele wunderbare Jahre wären für immer verloren gewesen! Wann immer ich jetzt höre, dass sich jemand das Leben nehmen will, möchte ich am liebsten laut rufen: „Tu es nicht! Tu es nicht!" Selbst unsere finstersten Augenblicke dauern nur kurze Zeit – und dann beginnt die Zukunft.[34]

Die Freude kommt. Halten Sie Ausschau danach. Rechnen Sie damit, wie Sie mit dem Sonnenaufgang oder der Abenddämmerung rechnen. Maria Magdalena hatte wieder Grund zu jubeln. Mary Cushman hatte Grund zu jubeln. Und auch Sie werden wieder Grund haben, sich zu freuen.

Tun Sie das, was Menschen tun, die an Gottes Verheißungen festhalten. Kommen Sie immer wieder zu Jesus. Auch wenn der Pfad im Dunkeln liegt. Auch wenn die Sonne zu schlafen scheint. Auch wenn alle anderen schweigen – gehen Sie auf Jesus zu. Maria Magdalena hat es so gemacht. Nein, sie hatte die Verheißung Gottes nicht verstanden. Sie suchte nach einem toten Jesus, nicht nach einem lebenden. Aber immerhin kam sie. Und weil sie zu ihm kam, kam er zu ihr.

Und Sie? Es wird Augenblicke in Ihrem Leben geben, in denen Sie am liebsten aufgeben und sich von ihm abwenden würden. Aber tun Sie es nicht. Auch wenn Ihnen nicht danach ist: Folgen Sie weiter dem Weg zum leeren Grab. Schlagen Sie Ihre Bibel auf. Denken Sie intensiv über bestimmte Bibelstellen nach. Singen Sie Lobpreislieder. Unterhalten Sie sich mit anderen Christen. Tun Sie alles dafür, dass Jesus Sie finden kann, und schauen Sie genau hin: Hinter dem Gärtner könnte sich auch Ihr Erlöser verbergen.

Es wird Zeiten geben, in denen die Tränen fließen. Solche Zeiten erleben wir alle. Schmerzliche Erfahrungen sorgen dafür, dass Tränen über unser Gesicht strömen und unser Herz schwer ist. Es wird Abende geben, an denen Ihnen die Tränen kommen. Aber es werden dann auch wieder die Morgen hereinbrechen, an denen Sie Grund zur Freude haben. Dunkelheit bricht herein, aber der Morgen wird auch wieder anbrechen. Traurigkeit kommt in Ihr Leben, aber Hoffnung auch. Die Trauer beherrscht vielleicht die Nacht, aber nicht unser gesamtes Leben.

Kapitel 12

Sie werden neue Kraft bekommen

*Aber wenn der Heilige Geist über euch gekommen ist,
werdet ihr seine Kraft empfangen.*
Apostelgeschichte 1,8 (NL)

Ich möchte Ihnen ein Angebot machen: ein neues Stativ zu einem großartigen Schnäppchenpreis. Es ist beste Markenqualität, wetterbeständig und besonders leicht. Das Gerät lässt sich zusammengeklappt problemlos im Rucksack verstauen. Man kann jeden Kameratyp darauf befestigen. Dieses Stativ ist ein echtes Schmuckstück, das Sie allen zukünftigen Fotografen in Ihrer Familie vererben werden. Hätten Sie Interesse? Ich biete es Ihnen zu zwei Dritteln des regulären Preises an. Das ist ein fairer Preis, weil diesem Stativ auch ein Drittel seiner Beine fehlt. Ja, es ist ein zweibeiniges Stativ. Bedenken Sie nur, wie praktisch das ist, wenn Sie einen Fuß weniger zusammenklappen und verstauen müssen. Kein Wunder, dass es so extrem leicht ist. Und wer braucht schon alle drei Beine?

Wie bitte? Sie brauchen alle drei? Sie sind vom Wert dieses Angebots nicht überzeugt? Sie warten lieber, bis Sie ein dreibeiniges finden?

Na gut. Dann mache ich Ihnen jetzt Angebot Nummer zwei: ein Dreirad. Stellen Sie sich nur vor, wie sich Ihr Kind freuen wird, wenn es mit diesem einzigartigen Dreirad auf dem Gehweg hin und her fährt! Und es ist auch noch Ferrari-Rot! Am Lenker hängen Fransen. Und jetzt passen Sie auf: Es hat sogar eine kleine Klingel am Lenker. Noch ein großartiges Angebot. Ich biete es Ihnen zu zwei Dritteln des regulären Preises an. Sie sparen so viel, dass Sie mit der ganzen Familie essen gehen können! Da wäre nur eine Kleinigkeit: Es fehlt ein Rad. Aber das Dreirad hat immer noch zwei Räder. Der Kleine muss irgendwann sowieso lernen, mit zwei Rädern zu fahren, da kann er genauso gut gleich damit anfangen. Kaufen Sie ihm dieses zweirädrige Dreirad.

Sie schauen mich schon wieder so schräg an. Sie verdrehen die Augen. Jetzt stöhnen Sie auch noch. Kommen Sie, gehen Sie nicht weg. Na gut, das zweibeinige Stativ war keine gute Idee. Das zweirädrige Dreirad entspricht auch nicht Ihren Erwartungen. Aber ein Angebot habe ich noch für Sie.

Haben Sie schon einmal ein Prisma gesehen? Nichts spiegelt die Schönheit eines Sonnenstrahls so wider wie ein dreieckiges Prisma. Sie werden Stunden damit verbringen, fasziniert die Lichtbrechung in diesem einfachen Gegenstand zu beobachten. Unterhalten Sie Ihre Kinder damit. Beeindrucken Sie damit Ihre Herzensdame. Halten Sie im Naturkundeunterricht einen Vortrag darüber und heimsen Sie eine gute Note ein. Wenn Sie kein dreieckiges Prisma haben, ist Ihr Zuhause einfach nicht komplett. Durch einen kleinen Produktionsfehler ist eine Seite des Prismas undurchsichtig, die anderen Seiten funktionieren aber prima. Aber ein Teil widersteht dem Licht, statt es zu brechen. Ich gebe zu, dass dieser Makel ein kleiner Nachteil ist, aber welcher Ihrer Nachbarn besitzt schon ein zweiseitiges Prisma? Natürlich gebe ich Ihnen angesichts des kleinen Mangels ein Drittel Preisnachlass.

Schütteln Sie nicht gleich den Kopf. Denken Sie nach. Ein Drittel weniger bezahlen für ein Stativ, dem ein Bein fehlt, ein Dreirad, dem ein Rad fehlt, oder ein Prisma, dem eine Seite fehlt. Erkennen Sie denn nicht, wie wertvoll diese Dinge trotzdem sind?

Natürlich nicht, und ich kann Ihnen da keinen Vorwurf machen. Wer will schon zwei Drittel, wenn man das Ganze haben kann? Oder braucht?

Viele Christen tun das aber. Fragen Sie einmal einen Christen: „Wer ist Gott, der Vater?" Er wird die Frage problemlos beantworten können. Oder: „Beschreiben Sie Gott, den Sohn." Die Antwort kommt vermutlich ohne Zögern. Aber wenn Sie Christen in Verlegenheit bringen und sprachlos machen wollen, dann fragen Sie: „Wer ist der Heilige Geist?"

Viele Gläubig geben sich mit einem Zwei-Drittel-Gott zufrieden. Sie berufen sich auf den Vater und den Sohn, aber den Heiligen Geist übersehen sie. Bei einem Stativ, einem Dreirad oder einem Prisma würden Sie diesen Fehler nicht begehen. Bei der Dreieinigkeit sollten Sie diesen Fehler ebenfalls auf keinen Fall machen. In Ihrer Bibel wird der Heilige Geist mehr als einhundert Mal erwähnt. Jesus hat öfter vom Heiligen Geist gesprochen als von der Gemeinde oder der Ehe. Am Vorabend seiner Kreuzigung, als er seine Nachfolger auf eine Zukunft ohne ihn vorbereitete, gab er ihnen diese großartige und kostbare Verheißung: „Aber wenn der Heilige Geist über euch gekommen ist, werdet ihr seine Kraft empfangen" (Apostelgeschichte 1,8).

Stellen Sie sich einmal vor, welche Versprechen Jesus seinen Jüngern hätte machen können, aber nicht gemacht hat. Er hat ihnen nicht versprochen, dass sie sofort Erfolg haben würden. Er hat ihnen nicht versprochen, dass sie nie krank sein oder mit Schwierigkeiten konfrontiert werden würden. Er hat ihnen auch niemals ein gutes Einkommen versprochen oder dass die Menschen sie gern haben würden. Stattdessen hat er ihnen die unablässige, bevollmächtigende Gegenwart des Heiligen Geistes versprochen. Der Heilige Geist spielt eine zentrale Rolle im Leben eines Gläubigen. Alles, was zwischen Apostelgeschichte und dem Ende der Offenbarung passiert, ist das Werk des Heiligen Geistes. Der Heilige Geist erfüllte die Jünger und gab der ersten Gemeinde den Schub, den sie brauchte, um sich den vor ihr liegenden Herausforderungen zu stellen.

Vielleicht können auch Sie einen Schub gebrauchen.

Vor etlichen Jahren, als meine Beine noch kräftiger, mein Bauch noch schlanker und mein Ego noch größer waren, habe ich mich von meinem Freund Pat überreden lassen, bei einem Radrennen mitzumachen. Es war aber nicht irgendein Radrennen, es war ein Rennen mit einem zwei Kilometer langen Anstieg mit zwölf Prozent Steigung. Mit anderen Worten: Es war ein harter Anstieg, bei dem man aus dem Sattel musste, die Oberschenkel brannten und man zehn Minuten lang keuchte. Der Anstieg trägt den passenden Namen Killer Diller und macht ihm auch alle Ehre.

Ich wusste, welchen Ruf das Rennen hatte. Trotzdem meldete ich mich an, weil mein Freund Pat mir sagte, ich würde es schon schaffen. Pat hatte gut reden. Er ist fünfzehn Jahre jünger und fährt seit der Grundschule Radrennen. Er fuhr schon im Peloton, bevor wir anderen überhaupt wussten, was das war. Als ich daran zweifelte, ob es mir überhaupt gelingen würde, das Rennen zu beenden, versicherte er mir: „Glaub mir, Max, du schaffst das."

Beinahe hätte ich es nicht geschafft.

Zügig fuhren diejenigen, die wirklich etwas in einem Radrennen zu suchen hatten, dem Rest von uns davon. Wir, die bierbäuchigen Nachzügler, witzelten über den bevorstehenden Anstieg. Aber nicht lange. Man braucht nämlich viel Luft, um zu reden. Und schon bald brauchten wir jeden Atemzug für den Anstieg. Ich strengte mich an, keuchte und stöhnte – und dann begann der Anstieg. Als ich etwa auf halber Höhe war, brannten meine Oberschenkel, und mir kamen wenig freundliche Gedanken über meinen Kumpel Patrick.

Da spürte ich den Schub. Eine Hand drückte auf meinen unteren Rücken. Ich drehte mich um. Es war Pat! Er hatte das Ziel schon erreicht, aber weil er damit rechnete, dass ich völlig erschöpft sein würde, war er den Hügel wieder hinuntergefahren, vom Fahrrad gestiegen und schob mich den Berg hinauf! (Die Tatsache, dass er zu Fuß mit mir mithalten konnte, verrät Ihnen, wie langsam ich unterwegs war.) „Ich habe dir doch gesagt, du schaffst das", rief er. „Und ich bin gekommen, um dafür zu sorgen, dass du es schaffst."

Genau das verspricht uns der Heilige Geist. Nachdem Jesus in den Himmel aufgestiegen war, wurde der Heilige Geist zum Hauptvertreter der Dreieinigkeit hier auf der Erde. Er führt zu Ende, was der Vater und der Sohn begonnen haben. Es sind zwar alle drei Personen der Dreieinigkeit aktiv, aber der Heilige Geist hat in dieser letzten Zeit die führende Rolle. Und er verspricht, uns Kraft, Einheit, Leitung und Heiligkeit zu schenken.

Er verspricht, den Gläubigen *Kraft* zu geben. Er ist die belebende Kraft der Schöpfung.

Alle deine Geschöpfe warten auf dich, dass du ihnen zur rechten Zeit zu essen gibst. Sie holen sich die Nahrung, die du ihnen zuteilst. *Du öffnest deine Hand, und sie werden reichlich satt. Doch wenn du dich von ihnen abwendest, müssen sie zu Tode erschrecken. Ja, sie sterben und werden zu Staub, wenn du ihnen den Lebensatem nimmst.* **Doch wenn du deinen Geist schickst, wird neues Leben geschaffen, und die Erde kann sich wieder entfalten.** Psalm 104,27–30

Jede Blüte, die sich sanft öffnet, ist ein Fingerabdruck von Gottes Geist. „Wenn er wollte, könnte er seinen Geist und seinen Lebensatem aus dieser Welt zurückziehen, dann würde alles Leben mit einem Schlag sterben, und die Menschen zerfielen zu Staub!" (Hiob 34,14–15).

Der Geist Gottes ist die Leben spendende Kraft in der Schöpfung, aber auch, was noch wichtiger ist, der Geburtshelfer bei der geistlichen Neugeburt eines Gläubigen. Dies machte Jesus deutlich, als er zu Nikodemus sagte:

„Ich versichere dir, […] nur wer durch Wasser und durch Gottes Geist neu geboren wird, kann in Gottes Reich kommen! Ein Mensch kann immer nur menschliches Leben hervorbringen. Wer aber durch Gottes Geist geboren wird, bekommt neues Leben. Wundere dich deshalb nicht, dass ich dir gesagt habe: ‚Ihr müsst neu geboren werden.' Es ist damit wie beim Wind: Er weht, wo er will. Du hörst ihn, aber du kannst nicht erklären, woher er kommt und wohin er geht. So ist es auch mit der Geburt aus Gottes Geist." Johannes 3,5–8

Der Heilige Geist erfüllt den Gläubigen, sobald er seinen Glauben bekennt (Epheser 1,13). Von diesem Augenblick an hat ein

Christ Zugang zur Macht und zum Wesen Gottes. Wenn der Heilige Geist im Leben eines Gläubigen das Sagen hat, findet eine Veränderung statt. Er fängt an, immer mehr so zu denken, wie Gott denkt, so zu lieben, wie Gott liebt, und die Dinge so zu sehen, wie Gott sie sieht. Er dient mit der Kraft, betet mit der Kraft und lebt durch die Kraft, die Gott ihm schenkt.

Dazu gehört auch die Frucht des Geistes. „Dagegen bringt der Geist Gottes in unserem Leben nur Gutes hervor: Liebe, Freude und Frieden; Geduld, Freundlichkeit und Güte; Treue, Nachsicht und Selbstbeherrschung. Ist das bei euch so? Dann kann kein Gesetz mehr etwas von euch fordern!" (Galater 5,22–23).

Diese Frucht tritt im Leben eines Gläubigen genauso selbstverständlich auf, wie Äpfel an einem Apfelbaum wachsen. Sie ist das Ergebnis einer Beziehung. Sägt man den Ast ab, ist Schluss mit der Frucht. Aber wenn der Ast fest mit dem Stamm verbunden ist, fließen die Nährstoffe, und es wächst Frucht.

Genauso ist es mit der Frucht des Heiligen Geistes: Wenn unsere Beziehung zu Gott stabil ist und nicht durch Rebellion, Sünde oder Ungehorsam beeinträchtigt wird, können wir mit einer reichen Ernte rechnen. Wir müssen diese Frucht nicht erzwingen. Wir dürfen sie einfach erwarten. Unsere Aufgabe besteht nur darin, die Beziehung aufrecht zu erhalten.

Außerdem kommen wir auch in den Genuss einiger Gaben des Geistes: Weisheit, Lehre, Heilung, Prophetie und Predigt (1. Korinther 12,8–10). Nachdem er beispielhaft einige Gaben aufgezählt hat, stellt Paulus klar: „Dies alles bewirkt ein und derselbe Geist. Und so empfängt jeder die Gabe, die der Geist ihm zugedacht hat" (1. Korinther 12,11).

Der Heilige Geist kennt jeden Gläubigen und er kennt die Bedürfnisse jeder Gemeinde. Er verteilt die Gaben je nach dem, was eine Gemeinde in einem bestimmten Gebiet und zu einer bestimmten Zeit braucht. Wenn diese Gaben eingesetzt werden, hat die Gemeinde die Vollmacht, das zu tun, wozu sie gedacht ist. Deshalb sollten wir auch nicht neidisch sein auf die Gaben eines anderen Christen oder auf das, was eine andere Gemeinde erreicht. Ist der Saxophonist etwa neidisch auf den Tubaspieler? Nein, wenn jeder Musiker seinen ganz individuellen Part spielt und dem Dirigenten folgt, dann nicht. Wenn Gemeindemitglieder dies ebenfalls tun, zeigt sich Gottes Macht.

Und Einheit entsteht.

Der Heilige Geist ist wie eine Henne, die ihre Flügel ausbreitet und die Gemeinde einlädt, sich gemeinsam darunter in Sicherheit zu bringen. „Setzt alles daran, dass die Einheit, wie sie der Geist Gottes schenkt, bestehen bleibt. Sein Friede verbindet euch miteinander" (Epheser 4,3). Die Gläubigen werden nie dazu aufgefordert, Einheit zu *schaffen*, sondern sie sollen die Einheit, die der Heilige Geist schenkt, *bewahren*. Es ist immer möglich, harmonisch zusammenzuleben, weil der Geist Gottes immer gegenwärtig ist. Die Ausrede „Ich kann mit XY einfach nicht zusammenarbeiten" zählt nicht mehr. *Sie* können das vielleicht nicht, aber der Heilige Geist in Ihnen schon.

Das wird nicht immer leicht sein, aber Einheit ist immer möglich. Wer etwas anderes behauptet, behauptet damit im Grunde, dass der Heilige Geist nicht in der Lage ist, das zu tun, was er tun möchte. Jedes Mal, wenn eine Gemeinde diese innige Gemeinschaft erlebt, sollte sie Gottes Geist dafür loben.

Jedes Mal, wenn eine Gemeinde Konflikte oder Streitigkeiten erlebt, sollte sie Gottes Geist um Hilfe bitten.

So wie unser Leib aus vielen Gliedern besteht und diese Glieder einen Leib bilden, so ist es auch bei Christus: Sein Leib, die Gemeinde, besteht aus vielen Gliedern und ist doch ein einziger Leib. Denn wir alle sind mit demselben Geist getauft worden und gehören dadurch zu dem einen Leib von Christus, ganz gleich, ob wir nun Juden oder Griechen, Sklaven oder Freie sind; alle sind wir mit demselben Geist erfüllt worden. Nun besteht ein Körper aus vielen einzelnen Gliedern, nicht nur aus einem einzigen.
1. Korinther 12,12–14

Der Heilige Geist eint die Gemeinde.
Und der Heilige Geist leitet die Gemeinde.
Ich kannte einmal jemanden, der einen Wohnblock beaufsichtigt und leitet. Als ich ihn fragte, wie er seinen Job beschreiben würde, meinte er: „Ich sorge dafür, dass der Laden läuft." Das Gleiche und noch mehr macht der Heilige Geist für die Gemeinde. Wollen Sie einmal seine Aufgabenbeschreibung sehen?

- Er tröstet die Gläubigen (Apostelgeschichte 9,31).
- Er hilft den Gläubigen dabei, die Wahrheit vollständig zu erfassen (Johannes 16,13).
- Er hilft den Gläubigen zu erkennen, was zukünftig geschieht (Johannes 16,13).
- Er tritt bei Gott für die Gläubigen ein (Römer 8,26).
- Er gibt den Gläubigen die innere Gewissheit, dass sie Gottes Kinder sind (Galater 4,6–7; Römer 8,16).

- Er bestätigt die Gegenwart Gottes mit Zeichen und Wundern (Hebräer 2,4; 1. Korinther 2,4; Römer 15,18–19).
- Er erschafft eine göttliche Atmosphäre der Wahrheit (Johannes 14,16–17), der Weisheit (5. Mose 34,9; Jesaja 11,2) und der Freiheit (2. Korinther 3,17).

Die Liste seiner Aufgaben ist vielfältig, wunderbar – und unvollständig, wenn nicht auch das folgende Wort darin auftaucht: *heilig*.

Der Geist Gottes versetzt uns dazu in die Lage, nach Gottes Willen zu leben. Eine seiner Hauptaufgaben besteht darin, uns von unserer Schuld zu reinigen und uns in die Lage zu versetzen, das zu tun, was Gott für uns geplant hat. Genau daran erinnert Paulus die Korinther, als er ihnen schrieb: „Der Schmutz eurer Verfehlungen ist von euch abgewaschen, ihr gehört jetzt zu Gottes heiligem Volk, ihr seid von aller Schuld freigesprochen, und zwar durch den Namen von Jesus Christus, dem Herrn, und durch den Geist unseres Gottes" (1. Korinther 6,11; NGÜ).

Kennen Sie die Bilder von Frauen, die Wäsche waschen, indem sie die Kleidungsstücke auf einem Waschbrett schrubben? Das illustriert vielleicht sehr gut, was der Heilige Geist tut: Er schrubbt uns, bis wir absolut fleckenfrei sind. Und dann können wir in Gottes Gegenwart stehen.

Aber dann wurde die Güte Gottes, unseres Befreiers, und seine Liebe zu uns Menschen sichtbar. Er rettete uns – nicht weil wir etwas geleistet hätten, womit wir seine Liebe verdienten, sondern aus lauter Güte. In seiner Barmherzigkeit hat er uns zu neuen Menschen gemacht, durch eine neue Geburt, die wie ein reinigendes Bad ist. Das wirkte der Heilige Geist, den Gott uns durch unseren Retter Jesus Christus in reichem Maße geschenkt hat. So sind wir allein durch seine Gnade von aller Schuld befreit. Als seine Kinder und Erben dürfen wir jetzt die Hoffnung auf das ewige Leben haben. Titus 3,4–7

Meine Geschichte mit dem Fahrrad hatte übrigens ein tolles Ende. Weil Pat mich anschob, kam ich den Hügel hinauf, genoss den letzten Abschnitt, der den Berg wieder hinunterführte, und erreichte das Ziel. Natürlich war ich unter den Letzten, aber ich kam immerhin ins Ziel. Stellen Sie sich einmal vor, was passiert wäre, wenn ich Pats Unterstützung abgelehnt hätte. Stellen Sie sich vor – Gott behüte! –, ich hätte seine Hilfe abgelehnt. Wie dumm wäre es gewesen, wenn ich abgestiegen wäre und ihm erklärt hätte: „Vielen Dank, aber ich schaffe das allein." Oder stellen Sie sich nur vor, ich hätte daran gezweifelt, dass er dazu in der Lage war, mir zu helfen. „Das ist sogar für dich zu schwer, Pat. Niemand kommt diesen Killer Diller herauf." Oder noch schlimmer: wenn ich ihn als meinen Feind bezeichnet hätte. „Du Betrüger! Verschwinde!"

So auf Pats Unterstützung zu reagieren, wäre reine Dummheit gewesen.

So auf das Wirken des Heiligen Geistes zu reagieren, wäre noch viel dümmer.

Paulus fragte die Galater: „Wollt ihr jetzt etwa aus eigener Kraft zu Ende führen, was Gottes Geist in euch begonnen hat?" (Galater 3,3). Auch die Christen in Ephesus verließen sich auf ihre eigene Kraft. Paulus versicherte ihnen zwar, dass sie den Heiligen Geist empfangen hatten: „Er [Gott] hat euch sein

Siegel aufgedrückt, als er euch den Heiligen Geist schenkte, den er jedem Glaubenden zugesagt hat" (Epheser 1,13). Aber er musste sie trotzdem drängen, sich „von Gottes Geist erfüllen" zu lassen (Epheser 5,18).

Das ist interessant. Ist es möglich, dass jemand, der errettet ist, *nicht* mit dem Heiligen Geist erfüllt ist? In Ephesus war das der Fall.

Und in Jerusalem auch. Als die Apostel die Gemeinde anwiesen, Diakone auszuwählen, sagten sie: „Deshalb, Freunde, wählt unter euch sieben Männer mit gutem Ruf aus, die vom Heiligen Geist erfüllt sind und Weisheit besitzen" (Apostelgeschichte 6,3; NL). Die Tatsache, dass „Männer [...], die vom Heiligen Geist erfüllt sind" ausgewählt werden sollten, legt nahe, dass es auch welche gab, die nicht mit ihm erfüllt waren. Der Heilige Geist kann uns zur Verfügung stehen, ohne dass wir uns ihm zur Verfügung stellen.

Vor einiger Zeit kaufte ich eine neue Druckerpatrone. Aber selbst nachdem ich sie eingesetzt hatte, erschienen einfach keine Buchstaben auf dem Papier. Es dauerte eine halbe Stunde, bis mir auffiel, dass der Druckkopf mit einem dünnen Klebestreifen bedeckt war. Es war zwar jede Menge Tinte vorhanden, aber solange der Klebestreifen noch drauf war, konnte ich nichts drucken.

Gibt es in Ihrem Leben irgendetwas, das wegmuss? Gibt es irgendein Hindernis, das das Wirken des Heiligen Geistes behindert? Wir können den Heiligen Geist zum Beispiel mit Wutausbrüchen und Auflehnung beleidigen (Epheser 4,30–31; Jesaja 63,10) oder uns ihm durch Ungehorsam widersetzen (Apostelgeschichte 7,51). Wir können den Heiligen Geist durch

Intrigen herausfordern (Apostelgeschichte 5,9). Wir können das Wirken des Heiligen Geistes behindern, indem wir Gottes Wort keine Beachtung schenken. „Unterdrückt den Heiligen Geist nicht. Verachtet das prophetische Reden nicht" (1. Thessalonicher 5,19–20; NL).

Darf ich Ihnen ein paar ganz direkte Fragen stellen? Sind Sie Gott in irgendeinem Punkt ungehorsam, obwohl Sie es besser wissen? Weigern Sie sich, jemandem zu vergeben? Gibt es jemanden, den Sie zutiefst hassen? Betrügen Sie Ihren Ehepartner? Sind Sie unehrlich und handeln Sie unmoralisch? Geben Sie irgendwelchen Gelüsten nach und vernachlässigen dabei Ihren Glauben? Wenn Sie eine dieser Fragen mit Ja beantwortet haben, dann behindern Sie das Wirken des Heiligen Geistes in sich.

Wollen Sie seine Macht in Ihrem Leben erleben? Seine Leitung erfahren? Seine Kraft? Dann lassen Sie sich „auf Schritt und Tritt von diesem Geist bestimmen" (Galater 5,25; NGÜ). Er ist die Pauke, wir sind die Kapelle. Er ist der Kapitän, wir sind die Matrosen. Er führt und leitet, wir gehorchen und folgen.

Hier ein kleiner Tipp, der mir hilft, mich vom Heiligen Geist bestimmen zu lassen. Wir wissen, dass „die Frucht [...], die der Geist Gottes hervorbringt, [...] in Liebe, Freude, Frieden, Geduld, Freundlichkeit, Güte, Treue, Rücksichtnahme und Selbstbeherrschung" besteht (Galater 5,22–23; NGÜ). Diese Eigenschaften sind ein Indikator dafür, dass wir dem Heiligen Geist Raum geben. Wenn wir sie in unserem Leben sehen, wissen wir, dass wir uns vom Heiligen Geist bestimmen lassen. Wenn sie nicht da sind, wissen wir, dass das nicht der Fall ist.

Vor Kurzem habe ich seinen korrigierenden Impuls gespürt. Ich begegnete im Supermarkt einem Freund. An dieser Stelle ist es hilfreich zu wissen, dass ich mich gerade mit dem heißen Eisen der Einwanderung beschäftigte. Während ich einige Besorgungen machte, hörte ich Radio. Auf jedem Sender wurden unzählige Interviews und Meinungen zu dem kürzlich erlassenen Gesetz zur Grenzkontrolle ausgestrahlt.

Eigentlich wollte ich nur Kaffee und meinen Frühstücks-Taco holen. Der Heilige Geist gab mir aber mehr, als ich verlangt hatte. Ich freute mich, meinen Freund zu sehen, seine Hand zu schütteln und mich zu erkundigen, wie es ihm denn so geht. Er ist ein fröhlicher Typ, der gern Witze erzählt und lacht. An diesem Tag war er jedoch anders. Er war ernst, verriet mir aber nicht, warum. Anfänglich habe ich ihn auch nicht gefragt, was denn los war, aber der Heilige Geist gab mir einen Schubs.

Ich war schon draußen, hielt den Kaffeebecher in der einen Hand und den Autoschlüssel in der anderen, als ich an seine Frau denken musste. Irgendwoher wusste ich, dass sie illegal in unserem Land war. Ich wusste nicht mehr, woher ich das wusste, aber ich wusste es. Und ich wusste, dass ich mit ihm darüber reden musste.

Ich wollte aber nicht. Zum einen hatte ich einen arbeitsreichen Tag vor mir. Zum anderen wusste ich nicht, was ich sagen sollte. Und was war, wenn er nicht darüber reden wollte? Was war, wenn das Thema zu persönlich war? Oder wenn ich etwas erfahren würde, das ich lieber nicht wissen wollte? Ich hatte gute Argumente, aber der Heilige Geist fragte gar nicht nach meiner Meinung. Der Impuls war so stark, dass es ungehorsam gewesen wäre, ihn zu ignorieren.

Da mein Freund im Geschäft war, ging ich noch mal zurück. „Hey, ich, äh, ich habe mich gefragt ... Wie geht es euch jetzt, bei der ganzen Diskussion um die Geschichte mit der Einwanderung?"

Ihm traten sofort die Tränen in die Augen. Er blickte sich um, um zu sehen, ob irgendjemand uns zuhörte. „Warum fragst du?"

„Reine Neugier."

„Ehrlich gesagt", antwortete er, „haben wir Probleme."

Man hatte ihm gesagt, seine Frau solle das Haus lieber nicht verlassen. Es bestand die Gefahr, dass sie auf der Straße aufgegriffen und nach Mexiko zurückgebracht würde. Ein Anwalt für Einwanderungsrecht hatte ihn darüber hinaus übers Ohr gehauen. Er hatte nur noch wenig Geld, sah keinen Ausweg und war immer mehr davon überzeugt, dass die ganze Welt sich gegen ihn verschworen hatte.

Rein zufällig hatte ich ein paar Ideen. Innerhalb einer Woche hatte er einen guten Rechtsbeistand, das Geld, um ihn zu bezahlen, und konnte nachts wieder ruhig schlafen. Und das alles, weil der Heilige Geist mir einen Schubs gegeben hatte.

Ich weiß nicht wirklich, wie Gott das macht. Er verrät uns weder Ablauf noch Zeitplan oder Tempo. Wir wissen nur eines: „Gott selbst ist ja in euch am Werk und macht euch nicht nur bereit, sondern auch fähig, das zu tun, was ihm gefällt" (Philipper 2,13; NGÜ). Dieselbe Hand, die den Stein vor dem Grab weggerollt hat, kann auch Ihre Zweifel beiseiteschieben. Die gleiche Kraft, die das tote Herz von Jesus wieder zum Schlagen brachte, kann auch Ihren schwachen Glauben wiederbeleben. Dieselbe Macht, die Satan in die Flucht geschlagen hat, kann und wird auch in Ihrem Leben Satan besiegen.

Nehmen Sie sich vor, auf das Wirken von Gottes Geist zu lauschen, es zu bemerken und zu spüren. Würden Sie ein zweibeiniges Stativ benutzen? Oder ein zweirädriges Dreirad? Oder ein Prisma, bei dem nicht alle Seiten funktionieren? Natürlich nicht. Machen Sie sich alles zunutze, was Gott zu bieten hat. Und halten Sie an dieser Verheißung fest: „Aber wenn der Heilige Geist über euch gekommen ist, werdet ihr seine Kraft empfangen" (Apostelgeschichte 1,8; NL).

·············· Kapitel 13 ··············

Die Gerechtigkeit wird siegen

*Denn der Tag ist schon festgesetzt, an dem Gott
alle Menschen richten wird.*
Apostelgeschichte 17,31

Am 14. Dezember 2012 wachte der siebenjährige Daniel Barden schon sehr früh auf. Draußen färbte sich der dunkle Nachthimmel langsam orange. Die Weihnachtsbeleuchtung erhellte die Dächer der Nachbarhäuser.
„Ist das nicht wunderschön?", sagte er zu seinem Vater, der gerade ein Foto davon machte. An diesem Morgen gab es viele schöne Momente. Als sein Bruder zur Schule ging, rannte Daniel im Schlafanzug die Einfahrt hinunter, um ihn zum Abschied zu umarmen und ihm einen Kuss zu geben. Er wollte auch unbedingt seine Schwester Natalie umarmen, bevor sie zur Schule ging. Dann spielte er mit seinem Vater auf dem Klavier Weihnachtslieder. Später kam er mit der Zahnbürste im Mund die Treppe herunter, um noch seine Mutter zu verabschieden, als sie zur Arbeit ging. Alles in allem war es ein fröhlicher, sorgloser Morgen.

Niemand wäre auf den Gedanken gekommen, dass es Daniels letzter sein würde. Er gehörte zu den zwanzig Kindern und sechs Erwachsenen, die an diesem Vormittag in der Sandy-Hook-Grundschule von einem Amokschützen erschossen wurden.[35]

Sandy Hook war nicht das erste Schulmassaker in der amerikanischen Geschichte, aber es schien das bislang grausamste zu sein. Das Ziel war hier keine Gruppe von Erwachsenen, sondern ein Klassenzimmer voller Kinder. Und der Tatort war kein Kriegsschauplatz, sondern eine ruhige Wohngegend. Es waren ja schließlich keine Verbrecher, die hier getötet wurden, sondern Grundschüler mit Schulranzen und Schulbrot, die sich auf das Christkind freuten.

Die Kinder haben diesen frühen Tod nicht verdient. Ihre Eltern haben diesen Schmerz nicht verdient. Und für uns war dieses Ereignis eine nur allzu häufig auftretende Erinnerung daran, dass das Leben nicht fair ist.

Wann haben Sie diese Worte gelernt: Das ist unfair! Bei welchem Ereignis wurden Sie mit der Erkenntnis konfrontiert, dass das Leben ungerecht ist? Haben Sie Ihren Vater durch einen Autounfall verloren? Haben Ihre Freunde Ihnen den Rücken gekehrt? Hat ein Lehrer Sie nicht beachtet oder ein Erwachsener Sie missbraucht? Haben Sie schon einmal die Worte des Psalmisten gebetet: „Herr, wie lange willst du noch untätig zusehen?" (Psalm 35,17). Wann haben Sie das erste Mal mit dem Propheten gefragt: „Warum geht es den Menschen, die dich missachten, so gut?" (Jeremia 12,1). Warum eigentlich? Warum werden Drogendealer reich? Warum kommen Sexualstraftäter davon? Warum werden Lügner in politische Ämter gewählt? Warum werden Mörder frühzeitig freigelassen? Warum kommen Betrüger mit ihrer Tat davon? Warum werden Verbrecher auch noch belohnt? Warum bekommen Heuchler auch noch so viel Aufmerksamkeit?

Wie lange wird es in dieser Welt noch so ungerecht zugehen? Gottes Antwort ist ganz klar: nicht mehr lange. Der Verfasser der Apostelgeschichte gibt uns eine düstere Verheißung mit auf den Weg: „Denn der Tag ist schon festgesetzt, an dem Gott alle Menschen richten wird" (Apostelgeschichte 17,31).

Gott hält sein Wort.

Gott sitzt nicht untätig daneben. Er dreht nicht Däumchen. Jedes abgerissene Kalenderblatt bringt uns dem Tag näher, an dem Gott alles Böse verurteilen wird. Einen Tag „festsetzen" heißt, ihn auswählen.[36] Der Tag des Gerichts wurde schon ausgewählt. Der Termin ist bereits reserviert und der Zeitpunkt festgelegt. Das Gericht wird nicht *wahrscheinlich* stattfinden, sondern ist eine feststehende Tatsache.

Niemand hört den Begriff „das Jüngste Gericht" gern. Uns gefällt die Vorstellung nicht, dass einmal abgerechnet werden wird. Das ist schon seltsam: Wir wollen nichts vom Gericht hören, wollen aber, dass es auf dieser Welt gerecht zugeht. Aber Letzteres gibt es nicht ohne Ersteres. Es gibt keine Gerechtigkeit ohne Gericht. „Denn wir alle müssen einmal vor dem Richterstuhl von Christus erscheinen, wo alles offengelegt wird, und dann wird jeder den Lohn für das erhalten, was er während seines Lebens in diesem Körper getan hat, ob es nun gut war oder böse" (2. Korinther 5,10; NGÜ).

Das griechische Wort für Richterstuhl ist *béma*. Dieser Begriff steht für eine laufende Gerichtsverhandlung, für einen Ort, an dem ein Richter anwesend ist und ein Urteil gesprochen wird. „Während Pilatus auf dem Richterstuhl [*béma*] saß ..." (Matthäus 27,16).

In der apokalyptischen Bildersprache von Johannes ist der Richterstuhl der „große weiße Thron":

Ich sah einen großen, weißen Thron und den, der darauf saß. Erde und Himmel konnten seinen Anblick nicht ertragen, sie verschwanden im Nichts. Und ich sah alle Toten vor dem Thron Gottes stehen: die Mächtigen und die Namenlosen. Nun wurden

Bücher geöffnet. Über alle Menschen wurde das Urteil gesprochen, und zwar nach ihren Taten, wie sie darin beschrieben waren. Offenbarung 20,11-12

Dieses Gericht kommt nach dem Tausendjährigen Reich und nachdem Satan, das Tier und die falschen Propheten in den Feuersee geworfen wurden (Offenbarung 20,7-10). Bücher, in denen die guten und die schlechten Taten aller Menschen festgehalten sind, werden geöffnet (Vers 12), und Gott wird jeden dementsprechend bestrafen oder belohnen.[37]

Ein weiteres Buch, das Buch des Lebens, verrät das ewige Schicksal jedes Menschen. In diesem Buch stehen die Namen der Kinder Gottes. Hier hat Gott „seit Beginn der Welt" (Offenbarung 17,8) ihre Namen hineingeschrieben. „Und alle, deren Namen nicht im Buch des Lebens aufgeschrieben waren, wurden ebenfalls in den Feuersee geworfen" (Offenbarung 20,15).

Es herrscht zwar Konsens darüber, dass das Gericht vor dem großen weißen Thron das letzte Gericht ist, aber die Christen sind unterschiedlicher Meinung darüber, über wen hier gerichtet wird. Manche Christen glauben, es werde drei verschiedene Gerichte geben: das Gericht über die Völker (Matthäus 25,31-46), das Gericht über das Tun der Gläubigen, oft auch als „Richterstuhl [*béma*] Christi" bezeichnet (2. Korinther 5,10), und das Gericht vor dem großen weißen Thron am Ende des Tausendjährigen Reiches (Offenbarung 20,11-15), bei dem die Ungläubigen nach ihrem Handeln gerichtet und zur ewigen Verdammnis im Feuersee verurteilt werden. Andere Fachleute sind der Auffassung, dass die drei Gerichte Teile eines großen Gerichts sind.

Doch ganz gleich, wie viele Gerichte es geben wird: Es wird eine abschließende, allumfassende Abrechnung geben. Alle Ungläubigen werden von Jesus Christus gerichtet werden. Alle Gläubigen werden von Jesus Christus gerichtet werden. Die Ungläubigen werden bestraft und die Gläubigen werden aus Gnade errettet und für ihre Taten gelobt werden (Matthäus 16,27).

Von seinem Thron aus wird Jesus die Waagschalen der Gerechtigkeit für immer ausbalancieren. Das wird er durch drei Bekanntmachungen tun:

1. Jesus wird seinem Volk öffentlich vergeben.

Paulus erklärte den Korinthern: „[…] einmal werden wir uns alle vor Christus als unserem Richter verantworten müssen" (2. Korinther 5,10). „Wir", das schließt die gesamte Menschheit ein. Paulus hat sich selbst dabei nicht ausgenommen und wir können das auch nicht.

Obwohl wir es vielleicht möchten. Vor allem, wenn wir bedenken, dass es ein Tag sein wird, „an dem Gott durch Jesus Christus auch über die verborgensten Dinge im Leben der Menschen sein Urteil sprechen wird" (Römer 2,16; NGÜ). Ich will doch nicht, dass Sie meine geheimsten Gedanken kennen. Ich will nicht, dass meine Gemeinde erfährt, vor welchen Predigten ich mich gefürchtet habe oder welchen Gesprächen ich aus dem Weg gegangen bin. Warum wird Jesus Christus alles offenlegen, was wir gedacht und getan haben? Um der Gerechtigkeit willen. Gott muss für jede Sünde eine Strafe aussprechen – und vor allen erklären, dass sie vergeben wurde.

Er filtert sein Urteil aber durch Jesus. Gläubige sitzen nicht allein auf der Anklagebank. Jesus wird an unserer Seite sein. Wenn die Sünde offengelegt wird, wird gleichzeitig auch die Vergebung ausgesprochen.

„Max hat seinen Lehrer angelogen." Jesus: „Ich habe die Strafe dafür bereits auf mich genommen."

„Max hat es mit der Wahrheit nicht so genau genommen." Jesus: „Ich bin für diese Sünde gestorben."

„Max hat sich schon wieder beklagt." Jesus: „Ich weiß. Ich habe ihm vergeben."

Die Verlesung wird so lange weitergehen, bis jede Sünde jedes Gläubigen genannt und vergeben wurde. Sie denken jetzt vielleicht: *Das wird aber sehr lange dauern.* Das wird es allerdings. Andererseits ist die Zeitrechnung im Himmel vielleicht eine andere als die unsere. Und wenn nicht, dann haben wir doch alle Zeit der Welt. Gottes Gerechtigkeit verlangt nach einer genauen Aufrechnung. Er wird in seinem neuen Reich nicht den Hauch von Ungerechtigkeit zulassen. Jeder Bewohner wird wissen, dass jede Sünde ans Licht gebracht und vergeben wurde. Der Himmel wird niemals wirklich der Himmel sein, wenn es noch Geheimnisse oder verborgene Dinge aus der Vergangenheit gibt.

Sie werden aber nicht bloßgestellt werden. Ganz im Gegenteil. Sie werden verblüfft sein. Je länger die Liste der vergebenen Sünden wird, desto mehr werden Sie staunen. Sie werden Gott gegenüber das Gleiche empfinden wie mein Freund, als der Richter ihn für unschuldig erklärte. Er war vom Bundesgericht in sechsundsechzig Fällen angeklagt worden. Die Gerichtsverhandlung dauerte drei qualvolle Wochen. Wenn man ihn für schuldig erklärt hätte, hätte er den Rest des Lebens im Gefängnis verbracht.

Ich war unterwegs, als ich die Textnachricht erhielt. „Die Geschworenen sind zurück. Gleich wird das Urteil verlesen." Ich wartete auf die nächste Nachricht. Und wartete. Und wartete. Ich wurde ungeduldig. Ich schrieb einem Anwalt, der an dem Fall beteiligt war. „Warum dauert das so lange?" Er antwortete: „Der Richter muss zu jedem einzelnen Anklagepunkt ein Urteil sprechen. Die Prozessordnung verlangt eine Niederschrift zu jedem Anklagepunkt."

Die Urteilsverkündung dauerte zwanzig Minuten. Mein Freund stand, während der Richter ihn 66-mal für „nicht schuldig" erklärte. Die Geschworenen hörten es. Der Rechtsbeistand hörte es. Die Menschen im gerammelt vollen Gerichtssaal hörten es. Die Staatsanwaltschaft hörte es. Der Gerichtsreporter hörte es. Falls irgendwelche Mitarbeiter der Behörde anwesend waren, hörten sie es auch. Und damit keine Fragen offen blieben, schrieb der Gerichtsschreiber hinter jeden einzelnen Anklagepunkt die gleichen Worte:

Nicht schuldig!
Nicht schuldig!
Nicht schuldig!

Gott verspricht Ihnen und mir, uns genauso öffentlich freizusprechen. Wir werden vor dem Richter stehen und unser Leben wird bewertet. Im Falle jeder Verfehlung wird Gott verkünden, dass er sie uns vergibt. Der Teufel wird das Urteil hören. Die Gläubigen werden das Urteil hören. Die Dämonen werden das Urteil hören. Die Engel werden das Urteil hören.

Nicht schuldig!

Nicht schuldig!
Nicht schuldig!
Und das wird dazu führen, dass im Himmel perfekte Gerechtigkeit herrscht. Kein Christ wird den anderen schief anschauen. Kein Christ wird mit Schuldgefühlen auf ihre oder seine eigene Vergangenheit zurückblicken. Alles wird offengelegt. Alles wird vergeben. Die öffentliche Enthüllung vergebener Schuld wird dazu führen, dass wir unserem Retter in alle Ewigkeit dankbar sein werden. Und während er seinem Volk öffentlich vergibt, wird das Folgende geschehen:

2. Jesus wird seine Diener für ihren Einsatz loben.

„Wenn Christus kommt, wird er alles ans Licht bringen, was jetzt noch verborgen ist, auch unsere geheimsten Wünsche und Gedanken. Dann wird Gott jeden so loben, wie er es verdient hat" (1. Korinther 4,5).

Gott wird mit Ihnen jeden Tag Ihres Lebens, nein, jeden Augenblick Ihres Lebens durchgehen und Sie über und über mit Lob überschütten. „Du hast jemandem deinen Sitzplatz im Bus überlassen. Gut gemacht. Du hast den neuen Schüler in deiner Klasse begrüßt. Gut gemacht. Du hast deinem Bruder vergeben, deinen Nachbarn ermutigt ... du bist bei Max' Predigt nicht eingeschlafen. Ich bin so stolz auf dich."

„Denn Gott ist nicht ungerecht. Er vergisst nicht, was ihr getan habt und wie ihr aus Liebe zu ihm anderen Christen geholfen habt und immer noch helft" (Hebräer 6,10). Unser gerechter Gott wird treue Dienste anerkennen. Wenn Sie das, was er Ihnen anvertraut hat, so einsetzen, dass es ihm Ehre macht, wird er Ihnen im Himmel noch mehr Segensgeschenke geben. Wenn Sie Ihre Gaben zu seiner Ehre einsetzen, wird er Ihnen noch mehr Gaben geben. Derselbe Stift, der unsere unreinen Gedanken festhält, wird auch die reinen festhalten. Raten Sie mal, wer an der Ziellinie auf Sie wartet: Jesus Christus. „Gut gemacht, du bist ein tüchtiger und zuverlässiger Verwalter. In kleinen Dingen bist du treu gewesen, darum werde ich dir Großes anvertrauen" (Matthäus 25,23).

Mein Freund Dan ist ein begeisterter Läufer. Früher haben wir die Kilometer gemeinsam zurückgelegt, aber dann wurde ich älter, und er wurde fitter, aber das ist ein anderes Thema ... Er ist zum Beispiel den Ironman in Lake Placid gelaufen. Dieser Ironman ist weltweit dafür bekannt, dass die örtliche Bevölkerung besonders hohe Anteilnahme daran nimmt. Die letzten Kilometer des Rennens werden auf dem Sportplatz der örtlichen Highschool gelaufen. Die Einwohner von Lake Placid (immerhin gut 2500) drängen sich auf den Zuschauerrängen, nur um die Athleten, die es bis dorthin geschafft haben, anzufeuern. Die Zuschauer kommen am frühen Nachmittag, um den Sieger zu bejubeln, und bleiben bis zum späten Abend, um auf die Nachzügler zu warten. Viele der Läufer erreichen den Sportplatz nämlich erst lange nach Sonnenuntergang.

Dan war einer davon. Seit acht Uhr morgens war er geschwommen, Rad gefahren und gerannt. Er bekam Krämpfe und seine Füße waren wund. Alles in ihm wollte aufgeben. Aber dann hörte er den Jubel. Schon Kilometer vom Sportplatz entfernt hörte er das Grölen der Menge.

Er wurde schneller. In der Ferne konnte er die Beleuchtung des Sportplatzes sehen. Er vergaß seine schmerzenden

Beine und verspürte auf einmal Vorfreude. „Ich habe es fast geschafft!"

Nach einer halben Stunde erreichte er den Parkplatz vor dem Sportplatz. Jetzt war der Lärm ohrenbetäubend. Er richtete sich auf, holte tief Luft und rannte durch das Tor. Da hörte er den Stadionsprecher sagen: „Und jetzt aus San Antonio in Texas: Dan Smith!"

Das Stadion explodierte regelrecht! Menschen, die er noch nie im Leben gesehen hatte, brüllten seinen Namen. Kleine Kinder riefen im Chor: „Dan! Dan! Dan!" Aller Schmerz war vergessen. Vorbei war die Erschöpfung. Er war von einer großen Menge Zeugen umgeben.

Und für Sie gilt das Gleiche. Wenn Sie genau hinhören, können Sie eine riesige Menge von Gottes Kindern hören, die Sie anfeuern. Noah ist einer davon. Und Maria, die Mutter von Jesus. Ihr Grundschullehrer ruft Ihren Namen. Und ein Onkel, den Sie gar nicht kennengelernt haben. Hören Sie die anfeuernden Rufe der Märtyrer aus dem 1. Jahrhundert? Und die Hauskirchenleiter aus China oder die Afrika-Missionare aus dem 18. Jahrhundert? In manchen Fällen sitzen auch Mutter und Vater, Bruder oder Schwester ... vielleicht sogar das eigene Kind auf den Rängen. Sie alle gehören zur „großen Schar von Zeugen" (Hebräer 12,1; NGÜ).

Gott hält Ihre guten Taten fest und belohnt sie. Das ist nur recht. Und da er ein gerechter Gott ist, wird er verkünden, dass seine Kinder freigesprochen wurden, er wird seine Diener für ihren Einsatz loben, und:

3. Jesus wird die Wünsche der Gottlosen erfüllen.

Es werden aber auch einige Menschen vor Gott stehen, die „ihn nicht wie Gott behandelten, sondern sich weigerten, ihn anzubeten. [...] Sie tauschten die Herrlichkeit Gottes, der die ganze Welt in seiner Hand hält, gegen billige Kitschfiguren ein, die man an jedem Souvenirstand bekommt" (Römer 1,21; *The Message*). Sie haben ihr ganzes Leben lang den König ignoriert und seinen Kindern geschadet. Sie haben sich über ihn lustig gemacht und ihren Nachbarn das Leben schwer gemacht.

Ein gerechter Gott muss auch die Wünsche derer erfüllen, die ihn ablehnen.

Selbst unser unvollkommenes Rechtssystem zwingt einem Angeklagten keinen Verteidiger auf. Ihm wird ein Rechtsbeistand angeboten, aber wenn er beschließt, sich selbst zu verteidigen, lässt das System es zu.

Und Gott tut das auch. Er bietet uns seinen Sohn als Verteidiger an. Am Gerichtstag wird Jesus jedem zur Seite stehen, außer denen, die ihn bewusst ablehnen. Wenn ihre Taten vorgelesen werden, wird das himmlische Gericht nur Schweigen hören.

„Du hast geleugnet, dass es mich gibt." Schweigen.

„Du hast meinen Kindern das Leben schwergemacht." Schweigen.

„Du hast mich beleidigt." Schweigen.

„Du hast das ignoriert, was in meinem Wort steht." Schweigen.

„Du wolltest nichts von meinem Sohn wissen." Schweigen.

Welche Antwort kann man darauf geben? Was kann man zu seiner eigenen Verteidigung vorbringen? Gott ist im Recht.

Gott ist gerecht. Niemand im Himmel oder in der Hölle wird behaupten, dass der Richter ungerecht sei, wenn er verkündet: „Geht mir aus den Augen, ihr Verfluchten, ins ewige Feuer, das für den Teufel und seine Engel bestimmt ist!" (Matthäus 25,41).

Die Gerechtigkeit wird siegen.

Diese Verheißung ist Ihnen vielleicht nicht wichtig. Manche Menschen sind der Auffassung, dass das Leben schon fair und gerecht ist. Wenn das auf Sie zutrifft, dürfen Sie sich glücklich schätzen. Aber andere Menschen kämpfen täglich gegen ihre Wut an. Sie wurden beraubt; Kriminelle haben ihnen Menschen genommen, die ihnen sehr viel bedeutet haben; Krankheiten haben ihrem Körper die Kraft geraubt. Sie sind davon überzeugt, dass doch jemand für Gerechtigkeit sorgen muss.

Ich bin einer davon. Mein Bruder wurde zum Beispiel beraubt. Die Alkoholsucht hat ihm die Freude am Leben geraubt. Zwei Drittel seiner 57 Jahre hat er gegen den Lockruf der Flasche angekämpft. Das hat ihn seine Familie, sein Vermögen und seine Freunde gekostet. Er war nicht schuldlos daran, das ist mir klar. Er hat den Alkohol gekauft und die Entscheidungen getroffen, die Flaschen zu leeren. Aber ich bin überzeugt, dass Satan ihm einen Schlägertrupp auf den Hals gehetzt hat, der ihn in Versuchung brachte. Als sie seine Schwachstelle gefunden hatten, ließen sie nicht mehr locker. Sie brachten ihn zu Fall und prügelten auch noch das letzte bisschen Selbstbeherrschung aus ihm heraus.

Ich warte darauf, endlich zuschauen zu dürfen, wie Satan für diese Verbrechen an meinem Bruder bezahlen wird. Ich freue mich auf den Moment, in dem Dee und ich mit erlösten Körpern und geretteten Seelen nebeneinander stehen und gemeinsam mitansehen, wie der Teufel gebunden und in Ketten gelegt in den Feuersee geworfen wird. Dann werden wir uns zurückholen, was der Teufel uns genommen hat.

Denn er hat einen Tag festgesetzt, an dem er die Welt gerecht richten wird. Apostelgeschichte 17,3 (NL)

Diese Verheißung kann Ihre Wut auf diese kaputte Welt auslöschen. In jeder Generation sind schreckliche Dinge geschehen. Gibt es irgendwo auf dieser Erde einen Quadratkilometer, der nicht durch den Schrecken des Todes befleckt wurde? In Afrika haben die Hutu 800 000 Menschen abgeschlachtet, vor allem Tutsi. Im Dritten Reich wurden etwa sechs Millionen Juden vernichtet und schätzungsweise bis zu einer halben Million Sinti und Roma. Amerikanische Atombomben haben Hiroshima und Nagasaki zerstört und damit Schätzungen zufolge bis zu 160 000 Menschen getötet. Die Japaner haben amerikanische Soldaten gefoltert. In Bagdad haben sich Selbstmordattentäter in die Luft gesprengt und ein Massenmörder hat an der Sandy-Hook-Grundschule etwas Verheerendes angerichtet. Es ist nicht richtig, nicht gerecht, nicht fair, dass das Böse immer wieder siegt. Wenn Sie sich fragen, ob böse Menschen ungestraft oder Verbrechen ungeahndet bleiben, dann kann die Verheißung dieses Kapitels Ihre Sehnsucht nach Gerechtigkeit stillen. Gott wird das letzte Wort haben. „Gott ist ein gerechter Richter, jeden Tag gilt den Bösen sein Zorn" (Psalm 7,12).

Und bis dahin folgen Sie dem Beispiel einer Frau aus einem Dinka-Dorf im Sudan. Regierungssoldaten überfielen ihre Siedlung und schlachteten mehr als einhundert Menschen ab oder misshandelten sie schwer. Muslimische Fundamentalisten nahmen die Kräftigen gefangen und ließen die Schwachen zurück, brannten die Hütten nieder und zerstörten die Ernte. Aber mitten in diesem Grauen keimte neue Hoffnung auf. Die Hinterbliebenen, die Frauen und Mütter der Getöteten und Vermissten, sammelten Stöcke und banden sie zu kleinen Kreuzen zusammen. Bevor sie die Toten begruben und um ihren Verlust trauerten, steckten sie die Kreuze in die Erde – aber nicht als Gedenkstätte ihrer Trauer, sondern als Zeichen ihrer Hoffnung. Sie waren Jesus-Nachfolger. Die Kreuze symbolisierten ihren Glauben an einen liebenden Gott, der einer solchen Tragödie einen Sinn geben kann und wird.[38]

Machen Sie es mit Ihren Tragödien genauso. Bringen Sie sie zum Kreuz, und erinnern Sie sich daran, dass Jesus Christus selbst auch ungerecht behandelt wurde. Er weiß, wie es Ihnen geht. Er wird alle Ungerechtigkeit vergelten und alle Wunden heilen. Und er hat einen Ort vorbereitet, an dem das Leben endlich und endgültig gerecht sein wird.

.... Kapitel 14 ....

Unverwüstliche Verheißungen, unerschütterliche Hoffnung

Diese Zuversicht ist wie ein starker und vertrauenswürdiger Anker für unsere Seele.
Hebräer 6,19; NL

Noch lange nachdem die Kinder gebadet haben und im Bett liegen, sitzt die alleinerziehende Mutter da und starrt auf die unbezahlten Rechnungen und ihre Kontoauszüge. Zu viel von Ersterem und nicht viel auf Letzteren. Sie hat schon alle ihre Freunde gefragt. Sie hat schon jeden Gefallen eingefordert, den sie irgendwo guthatte. Der Tag hat einfach nicht genug Stunden, um noch mehr Geld zu verdienen. Sie starrt aus dem Fenster ihrer kleinen Wohnung und fragt sich, an wen sie sich noch wenden könnte.

Ein erschöpfter Mann steht am Bett seiner Liebsten, die auf der Intensivstation eines Krankenhauses liegt. Er kann sich gar nicht mehr daran erinnern, wann er das letzte Mal einen Tag ohne sie verbracht hat. Sie haben so jung geheiratet. Er beugt sich über sie und streicht ihr über das ergraute Haar. Keine Reaktion. Der Arzt hat ihm gesagt, er müsse sich verabschieden. Der Mann hat keine Hoffnung mehr.

Und was ist mit dem Geschäftsführer, der im obersten Stockwerk des Gebäudes hinter seinem großen Schreibtisch sitzt? Er hat einen festen Händedruck und eine selbstbewusste Art. Aber lassen Sie sich von seinem Auftreten nicht täuschen. Wenn Bonität ein Düsenjet wäre, dann würde seiner gerade abstürzen. Seine Bank hat um ein Gespräch gebeten. Sein Buchhalter will kündigen. Und die Hoffnung? Die sitzt im Zug nach Nirgendwo und wurde schon seit einer Woche nicht mehr gesehen.

Sie kennen das Gefühl. Wir alle kennen es. Selbst die Frohnaturen, bei denen das Glas immer halb voll ist. Manchmal fehlt uns einfach jede Hoffnung. Wohin wenden wir uns dann?

Ich schlage vor, dass Sie sich an diese große und wertvolle Verheißung wenden: „Diese Zuversicht ist wie ein starker und vertrauenswürdiger Anker für unsere Seele. Sie reicht hinter den Vorhang des Himmels bis in das Innerste des Heiligtums Gottes. Dorthin ist Jesus uns bereits vorausgegangen" (Hebräer 6,19–20; NL).

Schauen Sie nur einmal auf die Schlüsselwörter im ersten Satz: *Anker* und *Seele*.

Ich muss Ihnen nicht erklären, was ein Anker ist. Sie haben bestimmt schon mal so Ding mit spitzen Enden aus Edelstahl gesehen. Vielleicht haben Sie auch schon mal einen ausgeworfen und den Ruck gespürt, als er am Grund irgendwo Halt gefunden hat. Ein Anker hat nur einen Zweck: das Boot festzuhalten. Um stürmischem Wetter standzuhalten, brauchen Sie einen guten Anker. Sie brauchen so einen wie den, den Popeye sich auf seinen Unterarm tätowiert hat – dick und mit zwei Spitzen. Sie brauchen einen Anker, der sich sicher bei etwas einhakt, das stärker ist als der Sturm. Sie brauchen einen guten Anker.

Warum? Weil Ihr „Boot" wertvoll ist: Ihre Seele. Als Gott Adam den Lebensatem einhauchte, war das mehr als nur Sauerstoff; er gab ihm damit ein ewiges Wesen. Er gab ihm eine Seele.

Ihre Seele ist das, was Sie von einem Goldfisch unterscheidet. Ja, Sie beide müssen Nahrung zu sich nehmen. Sie beide haben Augen und Schuppen – der Fisch trägt sie auf der Haut, Ihre liegen auf dem Fußboden im Badezimmer. Doch obwohl Sie mit

Ihrem Goldfisch viel gemeinsam haben, gibt es einen großen Unterschied: die Seele.

Ihre Seele ist der Grund dafür, warum Sie sich fragen, wozu Sie hier auf diesem Planeten sind. Oder wohin Sie einmal gehen, wenn Sie sterben. Ihre Seele ist der Grund dafür, dass Sie nach Richtig und Falsch fragen, dass Sie dem Leben anderer eine gewisse Würde beimessen, eine belegte Stimme bekommen, wenn vor einem Länderspiel die Nationalhymne gesungen wird, oder feuchte Augen beim Anblick Ihres Kindes. Goldfische tun all das nicht.

Ihre Seele unterscheidet Sie von den Tieren und macht Sie eins mit Gott. Und Ihre Seele braucht einen Anker. Ihre Seele ist empfindsam. Sie spürt den Schmerz des Todes und kennt die Fragen, die man sich stellt, wenn man krank ist. Ihre Leber mag vielleicht an einem Tumor leiden, aber Ihre Seele leidet an den Fragen, die damit einhergehen. Deshalb braucht Ihre Seele einen Anker, einen Ankerpunkt, der den Stürmen des Lebens standhält.

Dieser Anker hängt aber nicht an einem Boot fest oder einer Person oder Ihrem Besitz. Dieser Anker „reicht hinter den Vorhang des Himmels bis in das Innerste des Heiligtums Gottes". Mit anderen Worten: Die Kette unseres Ankers reicht bis in den Thronsaal Gottes hinein. Malen Sie sich doch einmal aus, wie dieser Anker am Thron Gottes festgemacht ist. Er wird sich niemals losreißen. Die Ankerkette wird niemals reißen. Der Anker hängt fest und die Kette ist stark. Warum? Weil er außerhalb der Reichweite von Satan und unter dem fürsorglichen Blick von Jesus festgemacht ist. Und da niemand Ihnen Jesus Christus nehmen kann, kann Ihnen auch niemand Ihre Hoffnung nehmen.

Bestimmen Kritiker, wer Sie sind? Nein, denn Gott hat gesagt: „Jetzt wollen wir den Menschen machen, unser Ebenbild, das uns ähnlich ist" (1. Mose 1,26). Das schließt Sie mit ein.

Können Herausforderungen Ihnen auf Dauer die Kraft rauben? Nein, denn: „Als seine Kinder aber sind wir – gemeinsam mit Christus – auch seine Erben" (Römer 8,17). Sie haben Zugang zum Familienvermögen.

Sind Sie ein Opfer Ihrer Umstände? Nicht im Geringsten, denn: „Das Gebet eines gerechten Menschen hat große Macht und kann viel bewirken" (Jakobus 5,16; NL).

Hat Gott einen Platz für diejenigen, die am Rand unserer Gesellschaft stehen? Darauf können Sie wetten. „Gott stellt sich den Stolzen entgegen, den Demütigen aber schenkt er Gnade" (1. Petrus 5,5; NL).

Kann irgendjemand verstehen, wie es sich anfühlt, Ihr Leben zu leben? Ja, Jesus. „Dieser Hohe Priester versteht unsere Schwächen" (Hebräer 4,15; NL).

Haben Sie das Gefühl, mit Ihren Problemen ganz allein dazustehen? Das tun Sie nicht. Jesus „sitzt an Gottes rechter Seite und tritt für uns ein" (Römer 8,34; NGÜ).

Wird Gott Ihnen Ihr Versagen jemals vergeben? Das hat er schon getan. „Wer nun mit Jesus Christus verbunden ist, wird von Gott nicht mehr verurteilt" (Römer 8,1).

Ist der Tod das Ende Ihrer Geschichte? Ganz im Gegenteil: „Der Tod ist auf der ganzen Linie besiegt!" (1. Korinther 15,54; NGÜ).

Werden Sie Ihre Traurigkeit jemals überwinden? Gott versichert Ihnen: „Die Nacht ist noch voll Weinen, doch mit dem Morgen kommt die Freude" (Psalm 30,6; NL).

Werden Sie für den Rest Ihres Lebens genug Weisheit und Kraft haben? Nein, Sie nicht, aber der Heilige Geist schon. „Aber wenn der Heilige Geist auf euch herabkommt, werdet ihr mit seiner Kraft ausgerüstet werden" (Apostelgeschichte 1,8; NGÜ).

Das Leben ist nicht fair! Aber eines Tages wird es das sein, denn „der Tag ist schon festgesetzt, an dem Gott alle Menschen richten wird; ja, er wird ein gerechtes Urteil sprechen" (Apostelgeschichte 17,31).

Tod, Versagen, Verrat, Krankheit, Enttäuschungen – alle diese Dinge können uns auf Dauer unsere Hoffnung nicht rauben, weil diese Dinge uns Jesus nicht nehmen können.

In seinem Buch *The Grand Essentials* berichtet Ben Patterson von einem U-Boot, das vor der Küste von Massachusetts gesunken war. Die gesamte Mannschaft saß darin fest. Man unternahm alle möglichen Anstrengungen, um die Seeleute zu retten. Vergebens. Gegen Ende der Tragödie vernahm ein Tiefseetaucher ein Klopfen an der Stahlwand des gesunkenen U-Bootes. Als er sein Ohr an die Bordwand legte, bemerkte er, dass jemand die Worte „Gibt es noch Hoffnung?" im Morsecode gegen die Bordwand klopfte.[39]

Fragen Sie sich das auch? Sind Sie diese alleinerziehende Mutter, die kein Geld mehr hat? Oder der erschöpfte Mann auf der Intensivstation? Oder der Geschäftsmann, dem die Antworten ausgehen? Stellen Sie sich gerade die Frage, ob es noch Hoffnung gibt?

Jonathan McCombs hat sie sich gestellt.

Die McCombs waren eine typisch amerikanische Vorzeigefamilie. Sie hatten zwei wunderbare kleine Kinder und führten eine tolle Ehe. Jonathan arbeitete auf Farmen und Laura verkaufte Pharmaprodukte. Sie waren gläubig, fröhlich, geschäftig und hatten keine Sorgen. Dann kam der Sturm. Der Wetterbericht hatte Regen angekündigt. Aber eine Jahrhundertflut? Niemand hatte das erwartet. Der Blanco River stieg innerhalb von nur neunzig Minuten um achteinhalb Meter und schoss regelrecht durch das Hügelland im Süden von Texas. Er riss Häuser, Autos und Brücken mit sich. Jonathan suchte mit seiner Familie Zuflucht im zweiten Stock des Wochenendhäuschens, in dem sie sich gerade aufhielten. Aber das Haus bot ihnen nicht wirklich Zuflucht. Es wurde mit den Wassermassen mitgerissen und die Familie klammerte sich im reißenden Strom an eine Matratze.

Jonathan war der Einzige, der überlebte.

Als Denalyn und ich ihn im Krankenhaus besuchten, konnte er sich vor Schmerzen kaum bewegen. Aber die gebrochene Hüfte und die kaputten Rippen waren nichts im Vergleich zu seinem gebrochenen Herzen. Jonathan versuchte zu sprechen. Aber die Tränen machten ihm dies unmöglich.

Zwei Wochen später hatte er die Kraft, auf der Beerdigung seiner Frau und der beiden Kinder eine Rede zu halten. Es waren so viele Trauergäste anwesend, als wären alle Einwohner von Corpus Christi gekommen. In der Kirche gab es keinen einzigen freien Platz mehr und kein Auge blieb trocken. Über eine halbe Stunde lang beschrieb Jonathan seine Frau und die Kinder. Er erzählte von ihrem Lachen und der Freude und davon, wie leer das Haus jetzt war.

Dann sagte er:

Die Leute fragen mich, wie es mir geht und wie ich in einer solchen Zeit so stark und positiv gestimmt sein kann. Ich habe ihnen gesagt, dass ich bei meiner Familie, meinen Freunden und vor allem in meinem Glauben Halt finde. ... Laura hat jeden Sonntag nach dem Gottesdienst gefragt: „Was können wir tun, damit noch mehr Menschen in die Kirche kommen und die gute Nachricht hören, dass Gott sie retten will?" Nun, Laura, ob du es glaubst oder nicht, sie sind hier.

Es gibt auch einen Bibelvers, den ich schon seit Jahren liebe und der mir sehr geholfen hat. „Verlass dich nicht auf deinen eigenen Verstand, sondern vertraue voll und ganz dem Herrn!" (Sprüche 3,5). Ich kann nicht erklären, warum sich so eine Tragödie wie diese Überschwemmung ereignet hat und Menschen ihr Leben verloren haben, aber ich weiß, dass Gott uns nichts zumutet, das wir mit seiner Hilfe nicht ertragen können. Ich weiß, dass wir nur für kurze Zeit auf der Erde sind, aber glauben Sie mir, wenn ich mir jeden Knochen im Leib brechen lassen müsste, damit ich sie zurückbekomme, würde ich mich darauf einlassen. Aber es liegt nicht in unserer Hand. ... Ja, ich weiß, dass das hier eine schreckliche Tragödie ist, und ich war wütend, aufgebracht, verwirrt und habe mich gefragt, warum es passieren musste. Ich habe so viele Tränen vergossen, dass man den Fluss hundertmal damit füllen könnte. Aber ich weiß auch, dass ich nicht immer wütend oder aufgebracht oder verwirrt bleiben oder mich nicht ständig fragen darf, warum. Wenn meine Zeit gekommen ist und ich sie im Himmel wiedersehen werde, dann werde ich auch meine Antwort erhalten. Und Sie können mir glauben, dass ich Gott das als Allererstes fragen werde.

Mir ist aufgefallen wie oft Jonathan „ich weiß" gesagt hat.

... ich weiß, dass Gott uns nichts zumutet, das wir mit seiner Hilfe nicht ertragen können.

Ich weiß, dass wir nur für kurze Zeit auf der Erde sind ...

... ich weiß, dass das hier eine schreckliche Tragödie ist ...

... ich weiß auch, ... wenn meine Zeit gekommen ist ... werde ich ... meine Antwort erhalten.

Jonathan war weder leichtgläubig noch herablassend. Er reagierte nicht mit einem oberflächlichen Glauben. Er wusste, dass das Ganze eine schreckliche Tragödie war. Aber mitten im Sturm fand er Hoffnung, unerschütterliche Hoffnung. Er fand keine vorschnellen Antworten, sondern *die* Antwort. Er traf die bewusste Entscheidung, sein Leben auf Gottes Verheißungen zu bauen.

Jesus ermutigte seine Nachfolger, „dass sie unablässig beten sollten, ohne sich entmutigen zu lassen" (Lukas 18,1; NGÜ).

Sich nie entmutigen lassen? Nie mutlos werden? Sich nie überwältigt fühlen? Sich niemals von der Verzweiflung runterziehen lassen? Können Sie sich das vorstellen? Nicht einen Tag an die Angst verschwenden? Nicht aus Furcht irgendwelche vorschnellen Entscheidungen treffen? Genau das wünscht sich Gott für Sie und für mich. Er will, „dass ihr überströmt in der Hoffnung durch die Kraft des Heiligen Geistes!" (Römer 15,13; SLT).

Überströmen. Was für ein außergewöhnliches Verb im Zusammenhang mit Hoffnung.

In der vergangenen Woche gab es etwa eine halbe Stunde lang einen heftigen Wolkenbruch. Es war so schlimm, dass ich sogar rechts ranfahren musste. Die Scheibenwischer hatten keine Chance gegen die Wassermengen. Selbst auf der Schnellstraße herrschte landunter. Der Regen *strömte über*. Und Gott wird Ihre Welt mit Hoffnung überströmen.

Ich habe einmal einen Tag im Yosemite-Park verbracht. Ich war genauso wenig in der Lage, die Bäume zu zählen, wie ich in der Lage wäre, die Sterne zu zählen. Große Bäume, kleine Bäume. Links und rechts. Hinter mir und vor mir. Yosemite strömt über vor Bäumen. Und Gott will Ihre Welt in einen Wald der Hoffnung verwandeln.

Ich kann mich noch daran erinnern, dass ich als Kind einmal durch ein Baumwollfeld in der Nähe des Hauses meiner Großeltern gegangen bin. Die Farm *strömte über* vor Baumwolle. Baumwolle so weit das Auge reichte. Im Norden, Süden, Osten, Westen: Überall gab es flauschige, weiße Bällchen. Und Gott wird auch Ihnen eine reiche Hoffnungsernte schenken.

Können Sie überströmende Hoffnung gebrauchen? Keine gelegentliche Hoffnung oder sporadische Hoffnung oder wandelbare Hoffnung, sondern überströmende Hoffnung?

Sie müssen nur darum bitten. „Pack die Hoffnung mit beiden Händen und lass sie nie wieder los. Sie ist eine reißfeste geistliche Rettungsleine, die an allem Äußeren vorbei direkt bis in die Gegenwart Gottes reicht, wo Jesus, der uns vorangegangen ist, seinen dauerhaften Platz als Hohepriester für uns eingenommen hat" (Hebräer 6,18–20; *The Message*).

Stellen Sie sich einmal die folgende wichtige Frage: Ist das, woran ich verankert bin, stärker als das, was ich durchmache?

Jeder ist irgendwo verankert: eine Rentenversicherung oder ein Lebenslauf. Manche binden sich an einen Menschen, andere an eine Position. Aber das sind alles oberflächliche Dinge.

Würden Sie Ihr Boot an einem anderen Boot festmachen? Bloß nicht! Man will etwas, das tiefer geht und fester ist als nur ein anderes treibendes Boot. Aber machen Sie nicht genau das, wenn Sie Ihren Lebensanker an den Dingen festmachen, die diese Welt zu bieten hat? Kann eine Rentenversicherung eine Wirtschaftskrise überstehen? Oder eine gute Gesundheit eine unerwartete Krankheit? Dafür gibt es keine Garantie.

Waschechte Seeleute würden Sie drängen, Ihr Boot an etwas festzumachen, das stabil und fest ist. Vertrauen Sie nicht auf die Boje auf dem Wasser, vertrauen Sie nicht den Seglern im anderen Boot und vertrauen Sie auch nicht dem anderen Boot. Vertrauen Sie nicht einmal Ihrem eigenen Boot. Wenn irgendwann einmal ein Sturm tost, dann vertrauen Sie nur Gott. Denn wie der Apostel Paulus triumphierend verkündete: „Auf den lebendigen Gott haben wir unsere Hoffnung gesetzt" (1. Timotheus 4,10).

Menschen, die auf Gottes Verheißungen vertrauen, treffen täglich Entscheidungen, die ihnen dabei helfen, ihren Lebensanker an Gott festzumachen. In Fällen wie dem von Jonathan McComb ist das ein Kampf auf Leben und Tod gegen eine unaussprechliche Tragödie. In Fällen wie dem, den ich gestern erlebt habe, geht es nur darum, dem Pessimismus ein Schnippchen zu schlagen.

Ich hatte schon drei Tage am Rechner gesessen und an diesem Buch geschrieben. Eine Stunde nach dem Mittagessen schaltete mein Gehirn in den Leerlauf und meine Augen fingen an zu schielen. Ich wusste, dass ich eine Pause brauchte. Da ich nur zehn Minuten von einem Golfplatz entfernt wohne, stand ich schon wenig später mit dem Golfschläger in der Hand am ersten Abschlag, schlenderte dann den ersten Fairway entlang und genoss den warmen Frühlingstag.

In diesem Augenblick piepte mein Handy. Ich las die Nachricht. Ein Mitarbeiter informierte mich über eine personelle Veränderung in der Gemeinde. *Hmm, warum hat er mich eigentlich nicht vorher gefragt?*

Ich steckte mein Handy wieder ein und beschloss, die Sache auf sich beruhen zu lassen und nur das Beste anzunehmen. Dieser Versuch hielt genau bis zum zweiten Fairway. Ich spürte, wie ich langsam ungehalten wurde.

Er hätte mich fragen sollen.

Als ich dann beim dritten Loch war, hielt ich den Schläger viel zu fest umklammert. Am vierten Loch sah ich beim Abschlag das Gesicht des Mitarbeiters auf dem Golfball. Das fünfte Loch war eine Katastrophe. Ich stellte mir vor, wie wir uns gegenseitig wütend anschrien! Als ich das Grün betrat, hatte ich gekündigt, ihn rausgeschmissen, war in den Streik getreten und nach Mexiko gezogen.

Sie könnten jetzt einwenden, dass ich ein bisschen überzogen reagierte. Ja, ich habe es geschafft, mich innerhalb von, nun ja, von fünf Golflöchern völlig in diese Geschichte hineinzusteigern. Sie hätten sehen sollen, wie ich meine Golftasche mit einer Hand hinter mir herzog und die andere Hand zur Faust geballt hatte. Sie hätten mich mal hören sollen. Nur gut, dass an jenem Mittwoch sonst niemand auf dem Golfplatz war. Ich hätte mir einige wütende Blicke eingefangen.

Auf dem Weg von Loch fünf zum Abschlag von Loch sechs sprach Gott zu mir. Er sprach zu mir über dieses Buch und erinnerte mich an meine These. Und er musste die Frage eigentlich gar nicht stellen. Ich kannte sie schon, bevor er sie stellte: *Setzt du das, was du da schreibst, eigentlich auch um?* Nein, das tat ich nicht. Ich machte meinen Anker gerade an den Problemen des Lebens fest und nicht an Gottes Verheißungen.

Also griff ich in den Vorrat an Verheißungen und nahm eine heraus. Die erste stammt aus der Geschichte von David und Goliath: „Er [Gott] selbst führt diesen Krieg" (1. Samuel 17,47). Und dann erinnerte ich mich an diese Worte aus Jesaja:

Aber alle, die ihre Hoffnung auf den Herrn setzen, bekommen neue Kraft. Sie sind wie Adler, denen mächtige Schwingen wachsen. Sie gehen und werden nicht müde, sie laufen und sind nicht erschöpft. Jesaja 40,31

Diese Verheißung war das richtige Heilmittel gegen meine Wut. Ich erkannte: *Gott muss diesen Krieg ausfechten und nicht ich. Er hat das Sagen, nicht ich. Ich werde abwarten und sehen, was Gott tut.*

Ich beantwortete die Textnachricht und bat um einen kurzen Rückruf. Als ich das Grün am sechsten Loch erreichte, klingelte mein Handy. Ich erkundigte mich: „Wolltest du mich in diese Entscheidung einbeziehen?"

„Natürlich! Wir haben noch nichts entschieden! Ich habe dich nur über eine Möglichkeit in Kenntnis gesetzt."

Mehr brauchte es nicht. Mir ging es wieder gut. Die Wut war weg. Das Schlechte daran? Der Teufel hatte meine Aufmerksamkeit. Das Gute daran? Er hatte sie nicht lange. Gottes Verheißungen waren der Feuerlöscher für das Feuer, das er legen wollte.

Im 1. Kapitel habe ich Ihnen erzählt, dass die Verheißungen in diesem Buch zu meinen Lieblingsstellen gehören. Da ich Ihnen jetzt *meine* Liste an Verheißungen verraten habe, möchte ich Sie einladen, Ihre eigene zu erstellen. Das beste Buch über Verheißungen ist nämlich das, das Sie gemeinsam mit Gott schreiben werden. Durchforsten Sie die Bibel immer wieder nach Zusagen, mit denen Sie Ihren Problemen etwas entgegensetzen können. Halten Sie sie so fest wie kostbare Perlen – denn das sind sie. Lernen Sie sie auswendig, damit Sie auch in Zukunft darauf zurückgreifen können. Und wenn der Feind mit seinen Lügen versucht, bei Ihnen Zweifel und Angst zu schüren, dann holen Sie Bibelverse hervor. Das wird Satan einen Riegel vorschieben. Auf die Wahrheit weiß er nämlich nichts zu erwidern.

Sie funktionieren. Gottes Verheißungen funktionieren wirklich. Sie können Sie durch schreckliche Tragödien begleiten. Sie können Ihnen in Ihren alltäglichen Schwierigkeiten Auftrieb geben. Sie sind wirklich das Größte und Wertvollste überhaupt.

Russel Kelso Carter hat dies am eigenen Leib erfahren. Er war ein begabter Sportler und Schüler. Als er 15 war – es war das Jahr 1864 – vertraute er während eines Gebetstreffens sein Leben Jesus an. 1869 wurde er Ausbilder an der Militärakademie von Pennsylvania. Er führte ein abwechslungsreiches und erfolgreiches Leben und war zwischenzeitlich Pastor, Arzt und Liedermacher. Aber es war sein Verständnis von Gottes Verheißungen, das sein Leben auch für uns heute noch relevant macht.

Im Alter von 30 Jahren hatte Carter schwere Herzprobleme und war dem Tod nahe. „Connie Ruth Christiansen schreibt:

‚Er kniete nieder und versprach, dass er sein Leben ganz und für immer in den Dienst Gottes stellen würde, gleichgültig, ob er geheilt würde oder nicht.' Christiansen erzählt weiter, dass die Bibel von diesem Augenblick an für Carter zu ganz neuem Leben erwachte und dass er anfing, sich auf die Verheißungen zu stützen, die er darin fand. Er verpflichtete sich, daran zu glauben, gleich, ob Gott ihn heilte oder nicht. ... Carter lebte – mit einem gesunden Herzen – noch 49 Jahre."[40] Seine Entscheidung, Gott auch in allen Schwierigkeiten zu vertrauen, war die Geburtsstunde eines Liedes, das noch heute gesungen wird.

Trauend dem Verheißungsworte meines Herrn,
preis ich Seine ew'ge Gnade froh und gern
und will Seinen Ruhm verkünden nah und fern,
trauend dem Verheißungsworte meines Herrn.

Refrain:
Trauend, trauend,
trauend dem Verheißungsworte meines Heilands;
Trauend, trauend,
vertrauend dem Verheißungswort des Herrn!

Die zweite Strophe ist meine Lieblingsstrophe:

Trauend dem Verheißungswort, das nie versagt,
wenn die Nacht der Zweifel meine Seele plagt –
der wird nie verlassen, der mit Gott es wagt,
trauend dem Verheißungswort des Herrn.[41]

Machen Sie es genauso.

Bauen Sie Ihr Leben auf Gottes Zusagen auf. Da seine Verheißungen unverwüstlich sind, wird auch Ihre Hoffnung unerschütterlich sein. Der Sturm wird trotzdem toben. Die Regengüsse werden trotzdem auf Sie herniederprasseln. Aber am Ende werden Sie einen festen Halt haben – Gottes Verheißungen.

Fragen zur Vertiefung

Von Andrea Lucado

Kapitel 1: Das Größte und Wertvollste überhaupt: Gottes Verheißungen

1. Wer sind die „Glaubenshelden" aus Hebräer 11,7–34? Warum bezeichnet man sie als Glaubenshelden?

2. In diesem Kapitel wird Glaube definiert als „die tiefe Überzeugung, dass Gott sein Wort halten wird". Fällt es Ihnen im Augenblick leicht, daran zu glauben, dass Gott sein Wort halten wird? Oder fällt es Ihnen schwer? Warum?

3. Lesen Sie Matthäus 8,5–11. In der Bibel wird oft erwähnt, dass die Menschen über Jesus staunten. Große Menschenmengen folgten ihm und bewunderten ehrfürchtig, wie er Wunder vollbrachte, Kranke heilte und Dämonen austrieb. Aber hier ist Jesus derjenige, der staunt. Warum? Was verrät uns das darüber, wie wertvoll unser Glaube für ihn ist?

4. Max Lucado zitiert mehrere Bibelstellen, die illustrieren, warum wir darauf vertrauen, dass Gott seine Versprechen auch hält:

„Er, der Vater des Lichts, ändert sich nicht; niemals wechseln bei ihm Licht und Finsternis" (Jakobus 1,17). Gottes Charakter ist beständig und unveränderlich.

„Gott steht treu zu seinen Zusagen" (Hebräer 10,23; NLB). Er ist vertrauenswürdig.

„Was Gott zusagt, das kann er auch tun" (Römer 4,21; GN). Er ist dazu in der Lage. Seine Macht ist unbegrenzt.

„Und weil Gott niemals lügt, haben wir jetzt zwei Tatsachen, auf die wir uns felsenfest verlassen können" (Hebräer 6,18). Gott lügt oder betrügt nicht. Er spricht nur die Wahrheit.

- An welche dieser Eigenschaften Gottes müssen Sie sich in Ihrer gegenwärtigen Situation erinnern?
- Inwiefern weckt dieses Wissen über Gott in Ihnen die Hoffnung, dass Sie seinen Zusagen vertrauen dürfen?

5. Als Lucado von dem Zittern in seinem linken Daumen erzählte, schrieb er, dass er zwei Möglichkeiten hatte: „Ich konnte über das Problem nachdenken oder ich

konnte mich an das Versprechen erinnern." Über welches Problem denken Sie heute nach?

6. Denken Sie jetzt einmal über die folgenden Verheißungen Gottes nach:

Der Herr steht dir bei. Richter 6,12

Das eine aber wissen wir: Wer Gott liebt, dem dient alles, was geschieht, zum Guten. Dies gilt für alle, die Gott nach seinem Plan und Willen zum neuen Leben erwählt hat. Römer 8,28

In der Welt werdet ihr hart bedrängt, aber lasst euch nicht entmutigen: Ich habe diese Welt besiegt. Johannes 16,33

- Welche dieser Verheißungen könnte das Problem bekämpfen, das Sie heute beschäftigt?
- Haben Sie schon einmal erlebt, wie irgendeine dieser Verheißungen in Ihrem Leben wahr wurde? Unter welchen Umständen war das? Wie kann die Erinnerung daran, dass Gott seine Verheißungen in der Vergangenheit erfüllt hat, Ihnen die Hoffnung schenken, dass er sie auch in Zukunft erfüllen wird?

7. Petrus schrieb: „Durch sie hat er uns das Größte und Wertvollste überhaupt geschenkt: Er hat euch zugesagt, dass ihr an seinem ewigen Wesen und Leben Anteil habt" (1. Petrus 1,4). Das griechische Wort, das hier mit *das Wertvollste* übersetzt wird, ist *timios*, und das

bedeutet so viel wie *von hohem Preis, kostbar, in Ehren gehalten, wertgeschätzt, besonders wertvoll*.[42] Wahrscheinlich sind viele Dinge kostbar für Sie – Ihre Familie und Ihre Freunde, Ihr Job oder Ihr Zuhause –, aber sind Ihnen die Verheißungen Gottes *besonders* wertvoll? Halten Sie sie in Ehren, und schätzen Sie sie, oder sind Ihnen irdischer Besitz und Menschen wichtiger als Gottes Verheißungen?

8. Wo fällt es Ihnen noch schwer, daran zu glauben, dass Gottes Verheißungen wirklich wahr sind?
   - Glauben Sie an Gottes Zusagen, müssen aber daran erinnert werden, wie kostbar sie sind?
   - Haben Sie schon viel mitgemacht und fragen sich, ob Gott seine Zusagen *wirklich* hält?
   - Hören Sie zum ersten Mal von Gottes Verheißungen?
   - Finden Sie heraus, wo Sie auf der Glaubensskala stehen. Wo möchten Sie sein, wenn Sie *Du bist der Anker meiner Seele* und die darin angegebenen Bibelstellen durchgearbeitet haben?

Kapitel 2: *Erschaffen als Gottes Ebenbild*

1. Füllen Sie die folgende Lücke aus: Gott schuf uns nach seinem _____ (siehe 1. Mose 1,26). Was sagt das über den Menschen aus, wenn wir ihn mit der übrigen Schöpfung vergleichen?

2. Welche Eigenschaften besitzen wir alle, die wir auch bei Gott feststellen können?

3. Paulus schreibt in seinem Brief an die Gemeinde in Korinth: „Der Herr verändert uns durch seinen Geist, damit wir ihm immer ähnlicher werden und immer mehr Anteil an seiner Herrlichkeit bekommen" (2. Korinther 3,18). Wenn wir als Gottes Ebenbilder erschaffen wurden: Was bedeutet es dann, dass wir „ihm immer ähnlicher werden und immer mehr Anteil an seiner Herrlichkeit bekommen"?

4. Wir definieren unsere Identität oft mehr über Menschen oder Dinge als über Gott. Woran machen Sie Ihre Identität fest?

5. Lucado erzählt in diesem Kapitel von seiner Liebe zu seiner ungeborenen Enkelin. Er vergleicht diese mit

Gottes Liebe, der uns einfach nur deshalb liebt, weil wir als seine Ebenbilder erschaffen wurden. Fällt es Ihnen leicht oder schwer, das zu glauben? Warum?

6. Wir begegnen immer wieder Menschen, die uns sagen wollen, wer wir sind oder zu sein haben.
   - Hat jemand Sie schon einmal in eine Schublade gesteckt oder Ihnen einen Stempel aufgedrückt? Wenn ja, wie hat das Ihre Sicht von sich selbst beeinflusst?
   - Wenn nicht, haben *Sie* schon einmal jemanden in eine Schublade gesteckt oder ihm einen (falschen) Stempel aufgedrückt? Welche Folgen hatte das?

7. Wenn wir wieder aus der Schublade herauskommen wollen, in die andere uns gesteckt haben, ist es hilfreich, nachzuschauen, was Gott in der Bibel über uns sagt. Lesen Sie die folgenden Bibelstellen, und denken Sie darüber nach, was diese über Ihre Identität aussagen. Auf welche Wahrheiten weisen sie hin, die im Widerspruch zu den Schubladen stehen, in denen Sie noch stecken?

Ihr seid also nicht länger Gefangene des Gesetzes, sondern Söhne und Töchter Gottes. Und als Kinder Gottes seid ihr auch seine Erben, euch gehört alles, was Gott versprochen hat. Galater 4,7

Denn Gott hat Christus, der ohne jede Sünde war, mit all unserer Schuld beladen und verurteilt, damit wir freigesprochen sind und vor ihm bestehen können. 2. Korinther 5,21

Darum sage ich euch: Macht euch keine Sorgen um euren Lebensunterhalt, um Nahrung und Kleidung! Bedeutet das Leben nicht mehr als Essen und Trinken, und ist der Mensch nicht wichtiger als seine Kleidung? Seht euch die Vögel an! Sie säen nichts, sie ernten nichts und sammeln auch keine Vorräte. Euer Vater im Himmel versorgt sie. Meint ihr nicht, dass ihr ihm viel wichtiger seid? Matthäus 6,25–26

Als ich gerade erst entstand, hast du mich schon gesehen. Alle Tage meines Lebens hast du in dein Buch geschrieben – noch bevor einer von ihnen begann! Wie überwältigend sind deine Gedanken für mich, o Gott, es sind so unfassbar viele! Psalm 139,16–17

8. Weil Gott der Schöpfer aller Menschen ist, tragen wir alle sein Ebenbild in uns.
   - Wie wirkt es sich auf Ihre Sicht von anderen Menschen und auf Ihren Umgang mit ihnen aus, wenn Sie sich bewusst machen, dass alle Menschen nach Gottes Ebenbild erschaffen wurden?
   - Wie könnte das Ihren Umgang selbst mit den schwierigsten Menschen verändern?

9. Kennen Sie jemanden, der Gottesebenbildlichkeit sichtbar auslebt?

- In welcher Weise spiegelt diese Person Gott wider?
- Lassen Sie sich von dieser Person inspirieren. Wie könnten Sie heute als Gottes Ebenbild leben?

Kapitel 3: *Die Tage des Teufels sind gezählt*

1. Die Vorstellungen und Meinungen über die Rolle Satans in unserem Leben gehen weit auseinander, selbst unter Christen. Lucado verweist darauf, dass vier von zehn Christen der Überzeugung sind, Satan sei kein tatsächlich existierendes Wesen, sondern vielmehr ein Symbol für das Böse.
   - Wie wird der Teufel Ihrer Meinung nach in der Bibel dargestellt?
   - Glauben Sie, dass er Einfluss auf Ihr Leben nimmt? Wenn ja, inwiefern? Wenn nicht, warum nicht?

2. Das griechische Wort für Teufel ist *diabolos*, der *Spalter*.
   - Was verrät dieser Begriff über die Motive des Teufels?
   - Was verrät er über seine Taktiken?

3. Lesen Sie Hesekiel 28,12–17. Lucado bezieht diesen Abschnitt auf den Fall Satans.
   - Was hat nach Aussage dieser Bibelstelle zum Fall von Satan geführt?
   - Was hat der Stolz eines Menschen mit Satan zu tun? (siehe 1. Timotheus 3,6)

4. In 1. Petrus 5,8 heißt es, Satan „läuft wie ein brüllender Löwe um euch herum. Er wartet nur darauf, dass er einen von euch verschlingen kann."
   - Warum ist das ein passender Vergleich?
   - Haben Sie dies schon einmal erlebt? Wenn ja, wann und wie?

5. In Johannes 10,10 heißt es, der Teufel sei gekommen, „um zu stehlen, zu schlachten und zu vernichten". Denken Sie über diese drei Verben einmal nach. Was lösen Sie bei Ihnen aus?
   - Was hat Satan in Ihrem Leben schon zu stehlen versucht?
   - Was hat er zu schlachten versucht?
   - Was hat er zu vernichten versucht?

6. Lesen Sie Matthäus 4,1–11. In diesem Abschnitt wird davon berichtet, dass der Teufel Jesus dreimal auf die Probe stellt.

„Wenn du Gottes Sohn bist, dann befiehl doch, dass diese Steine zu Brot werden!" Vers 3

„Wenn du Gottes Sohn bist, dann spring hinunter", forderte er Jesus auf. „In der Schrift steht doch: ›Gott wird dir seine Engel schicken. Sie werden dich auf Händen tragen, so dass du dich nicht einmal an einem Stein stoßen wirst!" Vers 6

Schließlich führte ihn der Teufel auf einen sehr hohen Berg und zeigte ihm alle Reiche der Welt mit ihrer ganzen Pracht. „Das alles gebe ich dir, wenn du vor mir niederfällst und mich anbetest", sagte er. Verse 8–9

- Welche Strategie wendete der Versucher in Vers 3 gegen Jesus an?
- Welche Strategie wendete er in Vers 6 gegen Jesus an?
- Welche Strategie wendete er in den Versen 8–9 an?

7. Lesen Sie jetzt, wie Jesus mit jeder dieser Versuchungen umging:

„Es steht in der Heiligen Schrift: ‚Der Mensch lebt nicht allein von Brot, sondern von allem, was Gott ihm zusagt!'" Vers 4

„In der Schrift steht aber auch: ‚Du sollst den Herrn, deinen Gott, nicht herausfordern!'" Vers 7

„Weg mit dir, Satan, denn es heißt in der Schrift: ‚Bete allein den Herrn, deinen Gott, an und diene nur ihm!'" Vers 10

- Welche Strategie wendet Jesus gegen Satan an?
- Wie kann Ihnen dieser Dialog bei Ihrem Kampf gegen Satans Lügen helfen?

8. Paulus zeigt in seinem Brief an die Epheser genau auf, wie wir uns gegen Satan schützen können (Epheser 6,12–17).

- Welche Teile einer Waffenrüstung listet Paulus hier auf?
- Denken Sie darüber nach, in welchem Lebensbereich Satan Ihnen im Moment Schwierigkeiten bereitet. Mit welchem Teil der Waffenrüstung können Sie ihn hier bekämpfen? Wie können Sie sich heute mit dem Gürtel der Wahrheit, dem Brustpanzer der Gerechtigkeit, dem Schwert des Wortes Gottes oder dem Schild des Glaubens ausrüsten?

9. Nur weil Satan jetzt auf der Erde umherstreift, heißt das nicht, dass das immer so sein wird. Lesen Sie Römer 16,20.
   - Was sagt dieser Abschnitt über Satans Schicksal und die Macht aus, die er über unser Leben hat?
   - Wie können diese Wahrheiten Ihnen Hoffnung machen, wenn Sie heute dem Feind gegenüberstehen?

10. Wo hat dieses Kapitel Ihre Sicht von Satan infrage gestellt oder verändert?
    - Haben Sie dadurch erkannt, dass er auch heute noch eine echte Bedrohung darstellt?
    - Haben Sie dadurch erkannt, dass seine Macht über Sie begrenzt und die Macht Jesu in Ihnen viel größer ist?
    - Oder haben Sie dadurch erkannt, dass Satan schon besiegt und seine Autorität gebrochen ist?
    - Wie können Sie dieses Wissen auf die Herausforderungen anwenden, denen Sie sich heute gegenübersehen?

Kapitel 4: *Ein Erbe Gottes*

1. Haben Sie schon einmal ein größeres Erbe bekommen? Oder haben Sie schon einmal davon geträumt, etwas zu erben? Wie würde ein solches Geschenk Ihr Leben verändern? Wie müsste es beschaffen sein, dass es Ihr Leben verändert?

2. Paulus sagt, dass wir „Erben Gottes und Miterben mit Christus" sind (Römer 8,17; NGÜ). Einige Verse zuvor schreibt er: „Denn der Geist Gottes, den ihr empfangen habt, führt euch nicht in eine neue Sklaverei, in der ihr wieder Angst haben müsstet. Er hat euch vielmehr zu Gottes Söhnen und Töchtern gemacht. Jetzt können wir zu Gott kommen und zu ihm sagen: ‚Abba, lieber Vater!'" (Vers 15). Was bedeutet es, ein Sohn bzw. eine Tochter Gottes zu sein?

3. Im antiken Rom war eine Adoption eine ernsthafte Angelegenheit. Wenn ein Vater das Gefühl hatte, keinen würdigen Erben zu haben, konnte er sich jemanden aussuchen, den er adoptierte und der dann seinen Besitz erbte. Nach römischem Gesetz hatte eine solche Adoption weitreichende Folgen für die Identität des Adoptierten:

a. Er verlor jegliche Bindung an seine alte Familie und bekam alle Rechte als Mitglied seiner neuen Familie.
b. Er wurde der Erbe des Besitzes seines neuen Vaters.
c. Sein früheres Leben wurde völlig ausgelöscht. Alle Verbindlichkeiten wurden gestrichen, als hätten sie nie existiert.
d. In den Augen des Gesetzes war der Adoptierte buchstäblich und tatsächlich der Sohn seines neuen Vaters.[43]

- Die Empfänger von Paulus' Brief an die Gemeinde in Rom waren sich dessen bewusst. Aber wie verändert es Ihr Verständnis davon, was es bedeutet, ein Adoptivkind Gottes zu sein?
- Haben Sie akzeptiert, dass Sie ein Adoptivkind Gottes sind? Sind Sie bereit, Ihrem Erbe gemäß zu leben? Oder müssen Sie erst noch glauben lernen, dass Sie wirklich von Gott adoptiert wurden?

4. Lesen Sie 1. Chronik 29,11–12. Welches Erbe bekommen wir von unserem Vater?

5. Die Geschichte von Josua, der das Volk Israel ins Verheißene Land führt, ist ein gutes Beispiel dafür, wie wir als Erben Gottes unser Erbe antreten. Gott sagte zu Josua: „Geh nun zusammen mit meinem Volk über den Jordan in das Land, das ich den Israeliten gebe. Ich sage dir zu, was ich schon Mose versprochen habe: ‚Wohin

ihr auch geht, werdet ihr Land betreten, das ich euch geschenkt habe'" (Josua 1,2–3; NL).

Gott sagt jedem von uns das Gleiche: „Steh auf und empfange das Erbe, das ich dir versprochen habe." Aber wir glauben nicht alle an dieses Erbe. Wenn Sie sich in die Geschichte Josuas hineinversetzen, welche Rolle hätten Sie dann?

- Stehen Sie noch am Ufer des Jordan und fragen sich, ob Gott Ihnen im Verheißenen Land wirklich ein gutes Erbe geben wird?
- Machen Sie Ihre Erbrechte bereits geltend, allerdings nicht im Verheißenen Land? Vielleicht sind Sie vom Kurs abgekommen und suchen Ihr „Erbe" woanders – im Job, in Beziehungen, in Ihrer Gesundheit.
- Oder genießen Sie schon alles, was das Verheißene Land Ihnen zu bieten hat – das Erbe, das Gott Ihnen geben will?
- Wenn Sie daran zweifeln, dass Sie ein Miterbe von Jesus sind, oder wenn Sie vom Weg abgekommen sind und eine andere Art von „Erbe" suchen: Was müssten Sie dann glauben, damit Sie wieder wirklich so leben, wie es einem Erben Gottes entspricht?

6. Am Ende dieses Kapitels erzählt Lucado die bewegende, tragische Geschichte von Hein und Diet, einem jungen Paar, das während der deutschen Besatzung in den Niederlanden Juden versteckte. Inwiefern hat dieses Paar in dem Bewusstsein gelebt, dass sie Kinder Gottes und Miterben von Jesus sind – mit allem, was dazugehört?

7. Wie können Sie in dem Bewusstsein dieses von Gott gegebenen Erbe leben?
   - Was fehlt Ihnen heute? Friede? Geduld? Liebe? Nachsicht?
   - Wie kann Gott diesem Bedürfnis begegnen und sogar mehr tun, als Sie erbeten haben?

8. Auf welche Weise können wir dadurch, dass wir im Bewusstsein unseres göttlichen Erbes leben, den Menschen in unserem Umfeld zeigen, wie sehr Jesus sie liebt? Inwiefern schadet es unserem Zeugnis als Christen, wenn wir nicht so leben, wie es einem Erben Gottes entspricht?

Kapitel 5: *Ihre Gebete haben Kraft*

1. Welche Rolle hat Gebet bisher in Ihrem Leben gespielt – in Ihrer Kindheit, in Ihren Teeniejahren, als Sie in den Zwanzigern und Dreißigern waren sowie heute? Hat sich Ihr Gebetsleben verändert oder hat sich Ihre Haltung zum Gebet verändert? Wenn ja, inwiefern und warum?

2. Am Anfang dieses Kapitels erzählt Lucado die Geschichte von Elia aus dem 1. Buch der Könige. Lesen Sie 1. Könige 17,1–7 und 18,20–40.
   - Wie lange haben die Baalspropheten ihre Götter des Feuers angerufen (Verse 25–29)?
   - Welche Ausreden liefert Elia für Baals Schweigen (Vers 27)?
   - Warum hat Elia den Altar auch noch mit Wasser übergossen (Verse 33–35)?
   - Wie lange brauchte Gott, um auf Elias Bitte hin zu antworten (Verse 36–38)?
   - Warum wollte Elia, dass Gott dieses Wunder vollbrachte (Verse 36–37)?

3. Höchstwahrscheinlich haben Sie noch nie erlebt, dass Gott als Antwort auf ein Gebet Feuer geschickt hat,

aber haben Sie schon einmal erlebt, dass Gott Ihr Gebet unmittelbar durch ein Wunder beantwortet hat?
- Falls ja, wie hat das Ihre Sicht von Gott beeinflusst?
- Wie hat es sich auf Ihr Gebetsleben ausgewirkt?
- Falls nicht, wie hat sich die Tatsache, dass er Ihr Gebet (noch) nicht beantwortet hat, auf Ihre Sicht von Gott ausgewirkt?
- Wie hat es sich auf Ihr Gebetsleben ausgewirkt?

4. In Jakobus 5,16 heißt es: „Denn das Gebet eines Menschen, der nach Gottes Willen lebt, hat große Kraft." Fällt es Ihnen leicht, das zu glauben, oder sind Sie eher skeptisch, was die Kraft Ihrer Gebete angeht? Warum?

5. Gott beantwortet unsere Gebete nicht immer dann, wann wir es hätten, und auch nicht unbedingt so, wie wir es uns vorstellen. Das kann dazu führen, dass wir der Sache mit dem Beten kritisch gegenüberstehen oder das Gefühl haben, Gott sei weit weg und interessiere sich nicht wirklich für uns.
- Welches Ihrer Gebete hat Gott noch nicht beantwortet?
- Wie wirkt sich das auf Ihre Sicht von Gott aus?
- Was glauben Sie: Warum hat Gott Ihr Gebet noch nicht erhört?
- Wie bringen Sie Aussagen wie die in Jakobus 5,16 in Einklang mit unbeantworteten Gebeten?

6. Füllen Sie die folgenden Lücke aus: Max Lucado sagt, dass Gott unsere Gebete wichtig sind, weil wir Gottes _____ sind.

7. Wenn Sie beten: Sehen Sie Gott dann als Ihren Vater und sich selbst als sein Kind? Wenn nicht, als was sehen Sie ihn, wenn Sie mit ihm sprechen?

8. Wie wirkt es sich auf Ihre Sicht von unbeantworteten Gebeten aus, wenn Sie Gott als Ihren Vater sehen? Warum sagt Gott manchmal Nein? Warum schweigt er manchmal?

9. Wenn das Gebet eines gläubigen Menschen große Kraft hat, sollten wir für jeden Bereich unseres Lebens beten. Wofür haben Sie noch nicht gebetet? Wie könnte Ihnen Gebet in dieser Situation helfen?

10. In diesem Kapitel erzählt Lucado die Geschichte eines Christen namens Dmitri, der während des kommunistischen Regimes in einem russischen Gefängnis saß. Obwohl er 17 Jahre lang inhaftiert war, hörte er nicht auf, Gott anzubeten und mit ihm zu reden. Was würden wohl 17 Jahre im Gefängnis mit Ihrem Glauben und Ihrem Gebetsleben machen? Inwiefern kann Dmitris Geschichte Sie ermutigen?

11. Lesen Sie Matthäus 18,19. Was sagt dieser Vers über Gebet und Gemeinschaft aus? Wie oft beten Sie mit

anderen? Wie können Sie gemeinsames Gebet in Ihr Leben integrieren?

12. Kennen Sie jemanden, der ein intensives Gebetsleben hat? Inwiefern ist diese Person Ihnen ein Vorbild? Was haben Sie von starken Betern gelernt?

13. Wie soll sich Ihr Gebetsleben ändern, wenn Sie ganz neu die Kraftquelle der Verheißungen anzapfen wollen? Welchen ersten Schritt könnten Sie heute diesbezüglich unternehmen?

Kapitel 6: Gnade für die Demütigen

1. Definieren Sie mit eigenen Worten, was Stolz ist.

2. Füllen Sie die folgende Lücke aus: Gott lehnt stolze Menschen ab, weil stolze Menschen meinen, dass ___ _____.

3. In der Bibel finden wir klare Aussagen über Demut und Stolz. Lesen Sie Psalm 10,4, Sprüche 16,5, Sprüche 26,12, Jesaja 2,12 und Jesaja 5,21. Das sind nur einige wenige Verse, die Gottes Haltung zu Hochmut beschreiben.
   - Warum wird in der Bibel wohl so oft über dieses Thema gesprochen?
   - Warum lehnt Gott Stolz so sehr ab?

4. Inwiefern ähneln sich die tragischen Geschichten von Bernie Madoff und König Nebukadnezar? Wo unterscheiden sie sich?

5. Erinnern Sie sich an eine Gelegenheit, bei der Sie ein ungesundes Maß an Stolz an den Tag gelegt haben. Was waren die Folgen?

6. Inwiefern verletzt Stolz unsere Beziehungen zu anderen? Inwiefern verletzt Stolz unsere Beziehung zu Gott?

7. Wir finden schon ganz am Anfang der Bibel ein Beispiel für Stolz. Lesen Sie 1. Mose 3,1–6. Welche Rolle hat der Stolz bei der ersten Sünde von Adam und Eva im Garten Eden gespielt?

8. Unmittelbar nachdem Adam und Eva gesündigt hatten, heißt es in der Bibel: „Plötzlich gingen beiden die Augen auf, und ihnen wurde bewusst, dass sie nackt waren. Hastig flochten sie Feigenblätter zusammen und machten sich daraus einen Lendenschurz" (1. Mose 3,7).
   - Vergleichen Sie diese Verse mit 1. Mose 2,25.
   - Nachdem Adam und Eva gesündigt hatten, schämten sie sich – vorher nicht. Welchen Zusammenhang könnte es zwischen Stolz und Scham geben?

9. Wir versuchen oft, mit Stolz unsere Scham auszugleichen – wir legen so manches Mal Stolz an den Tag, um unsere Unsicherheiten oder unsere Ängste zu verbergen. Aber ein solches Verhalten wird uns niemals von diesen negativen Emotionen befreien. Lucado schreibt: „Im Land der Demut genießt man wunderbare Freiheit." Was meint er damit? Hat sich Stolz für Sie schon mal wie ein Gefängnis angefühlt? Inwiefern?

10. Lesen Sie Römer 8,1–2. Was schreibt Paulus hier zum Thema „Scham", wenn wir mit Jesus Christus verbunden

sind? Inwiefern kann der Glaube daran, dass das Opfer von Jesus uns unsere Sünde – und damit unsere Scham – genommen hat, uns den Weg zu einem demütigen Leben eröffnen?

11. In seinem Brief an die Gemeinde in Philippi schreibt Paulus, seit er Jesus kenne, sei er auf ganz andere Dinge stolz. Lesen Sie Philipper 3,4–9.
    - Worauf war Paulus stolz, bevor er Jesus kennenlernte?
    - Was dachte Paulus über die Dinge, die er in Philipper 3,4–6 aufgezählt hatte, nachdem er Jesus Christus begegnet war?
    - Inwiefern hat Ihre Begegnung mit Jesus Ihren Stolz und das, worauf Sie stolz sind, verändert? Hat diese Begegnung überhaupt etwas an Ihrem Stolz verändert?

12. Am Ende der sieben Jahre, die er in der Wüste verbracht hatte, sagte Nebukadnezar: „Ich pries den höchsten Gott, ich lobte den, der ewig lebt. ... Nun lobe und preise ich, Nebukadnezar, den König, der im Himmel regiert. Ihm gebe ich die Ehre! Er ist zuverlässig und gerecht in allem, was er tut" (Daniel 4,31.34).
    - Warum dauerte es so lange, bis Nebukadnezar demütig wurde?
    - In diesen Versen lobte Nebukadnezar Gott. Inwiefern ebnete die Demut den Weg zur Anbetung? Und inwiefern kann Stolz die Anbetung (ver-)hindern?

13. Denken Sie einmal über Stolz und Scham in Ihrem Leben nach.
    - Nennen Sie Lebensbereiche, von denen Sie denken, dass Sie darauf übermäßig stolz sind. Warum halten Sie hier an Ihrem Stolz fest? Inwiefern würden Sie sich befreit fühlen, wenn Sie hier etwas demütiger wären?
    - Überlegen Sie, für welche Lebensbereiche Sie sich schämen. Gibt es vielleicht einen Bezug zwischen diesen Lebensbereichen und denen, auf die Sie in ungesundem Maße stolz sind?
    - Wovon wollen Sie heute frei werden? Inwiefern könnte die Liebe von Jesus Ihnen dabei helfen, den Weg in diese Freiheit zu gehen?
    - Wie sähe Ihr Leben aus, wenn es frei von Scham und Stolz wäre? Wie würde sich das auf Ihre Beziehung zu anderen und zu Gott auswirken?

Kapitel 7: Gott versteht Sie

1. Dass Gott wirklich Mensch wurde, unterscheidet den christlichen Glauben von allen anderen Religionen dieser Welt. Was ist so einzigartig daran? Inwiefern unterscheidet sich Jesus von den Göttern anderer Religionen?

2. In Johannes 1,1–18 wird auf großartige Weise die Geschichte der Menschwerdung Gottes beschrieben. Welche Begriffe werden in diesen Versen für Jesus Christus verwendet? Wie wird er beschrieben? Unterstreichen Sie alle Beschreibungen oder listen Sie sie auf.

3. Der griechische Begriff für *Wort*, den Johannes hier verwendet, ist *logos*. Für seine damaligen Leser war *logos* ein geläufiger Begriff. Die griechischen Philosophen verwendeten ihn schon seit Langem, um eine wichtige Figur oder ein göttliches Wesen zu beschreiben, das dem Universum seine Ordnung und Bedeutung gab.[44] Warum hat Johannes vor diesem Hintergrund gerade dieses Wort für Jesus benutzt?

4. Die Menschwerdung Gottes ist in vielerlei Hinsicht ein mysteriöses Ereignis, das wir nur schwer begreifen

können. Wie würden Sie jemandem die Menschwerdung erklären, nachdem Sie nun Johannes 1,1–18 gelesen haben?

5. In Anlehnung an Johannes 1 schreibt Paulus: „Christus ist das Ebenbild des unsichtbaren Gottes. Als sein Sohn steht er über der ganzen Schöpfung und war selbst schon längst vor ihr da. Durch ihn ist alles erschaffen, was im Himmel und auf der Erde ist: Sichtbares und Unsichtbares, Königreiche und Mächte, Herrscher und Gewalten. Ja, alles ist durch ihn geschaffen und vollendet sich schließlich in ihm" (Kolosser 1,15–16). An anderer Stelle schreibt Paulus später: „Denn in Christus lebt die Fülle Gottes in menschlicher Gestalt" (Kolosser 2,9; NL).
   - Diese Verse zeigen, dass Jesus ganz Gott und ganz Mensch war. Warum musste er ganz Mensch werden?
   - Warum musste er aber auch ganz Gott bleiben?

6. Glauben Sie, die Tatsache, dass Jesus ganz Gott war, ist für den christlichen Glauben wichtig? Warum oder warum nicht?

7. In 1. Johannes 4,2–3 heißt es: „Den Geist Gottes erkennt ihr daran: Er bekennt, dass Jesus Christus als Mensch aus Fleisch und Blut zu uns gekommen ist. Jemand, der das leugnet, hat nicht den Geist Gottes, sondern aus ihm spricht der Geist des Antichristen."

- Wie kann man wissen, ob jemand vom Heiligen Geist erfüllt ist?
- Wie kann man wissen, ob jemand nicht vom Heiligen Geist erfüllt ist?

8. Lucado schrieb: „Wäre Jesus einfach in Gestalt eines mächtigen Wesens auf die Erde gekommen, hätten wir zwar Respekt vor ihm, würden uns ihm aber niemals nahe fühlen. [...] Wäre Jesus auf dem normalen Weg gezeugt worden, durch zwei irdische Eltern, würden wir uns ihm zwar nahe fühlen, aber würden wir ihn dann auch anbeten?"
   - Ist Jesus für Sie eher Mensch oder eher Gott?
   - Wie wirkt sich das auf Ihre Beziehung zu ihm aus?
   - Inwiefern könnte es hilfreich sein, auch die andere Seite von Jesus mehr in den Blick zu nehmen?

9. Lesen Sie die folgenden Verse: Markus 4,38; Lukas 2,52; Johannes 4,6 und Johannes 12,27. Was sagen diese Verse über das Menschsein von Jesus aus?

10. Denken Sie an eine schwierige Situation, in der Sie gerade stecken. Welcher Aspekt des Menschseins Jesu könnte Ihnen helfen, sich ihm in dieser Situation nahe zu fühlen?
    - Weil Jesus Mensch wurde, versteht Gott uns besser, als wir vielleicht denken. Der Verfasser des Hebräerbriefs schreibt: „Doch er gehört nicht zu denen, die unsere Schwächen nicht verstehen und zu

keinem Mitleiden fähig sind. Jesus Christus musste mit denselben Versuchungen kämpfen wie wir, doch im Gegensatz zu uns hat er nie gesündigt. Er tritt für uns ein, daher dürfen wir voller Zuversicht und ohne Angst vor Gottes Thron kommen. Gott wird uns seine Barmherzigkeit und Gnade zuwenden, wenn wir seine Hilfe brauchen" (Hebräer 4,15–16). Wenn Sie sich an Gott wenden, sind Sie dann zuversichtlich, dass er Ihnen mit Nachsicht begegnet, oder fürchten Sie Gottes Reaktion?
- Wie beeinflusst die Tatsache, dass Jesus, unser Hohepriester, uns versteht, die Art und Weise, wie wir mit ihm sprechen?

11. Nehmen Sie sich heute ein wenig Zeit fürs Gebet. Kommen Sie in dem Wissen zu Jesus, dass er alles weiß und versteht, was Sie vor Gott bringen. Lassen Sie sich heute von seiner Gegenwart trösten und von dem Wissen, weil Sie einen Gott haben, der Sie wirklich versteht.

Kapitel 8: Christus betet für Sie

1. Welche Verheißung schenkt Ihnen vor allem unerschütterliche Hoffnung?

2. Was war Ihre erste Reaktion, als Sie gelesen haben, dass Jesus für Sie betet? Hatten Sie schon einmal darüber nachgedacht?

3. In Römer 8,34 heißt es: „Jesus Christus ist doch für sie gestorben, mehr noch: Er ist auferweckt worden, und er sitzt an Gottes rechter Seite und tritt für uns ein" (NGÜ).
   - Lucado erwähnt den griechischen Begriff, der mit *für jemanden eintreten* übersetzt wird. Was bedeutet er?
   - Was bedeutet es konkret, dass Jesus für uns eintritt?
   - Dieses Wort wird in der Bibel mehrfach verwendet. Lesen Sie Hebräer 7,24–25 und Römer 8,26–27. Was erfahren wir aus diesen Versen darüber, für *wen* Jesus und der Heilige Geist beten und *wie* und *warum* sie beten?

4. Haben Sie schon einmal für jemanden gebetet? Wenn ja, dann haben Sie Fürbitte getan. Wenn wir einmal

darüber nachdenken, wie leidenschaftlich wir für Menschen beten, die uns wichtig sind, hilft uns das zu verstehen, was es bedeutet, dass Jesus für uns betet?

5. Lesen Sie Matthäus 14,22–32.
   - Was geschah, als die Jünger sich auf dem See Genezareth aufhielten?
   - Wo war Jesus und was tat er?

6. Denken Sie an einen „Sturm", den Sie erlebt haben oder vielleicht gerade erleben – eine schwierige Zeit in Ihrem Leben, in der Sie durch tosende Wellen und heftigen Wind „segeln" mussten. Glauben Sie daran bzw. haben Sie in dieser Zeit daran geglaubt, dass Jesus beim Vater Fürbitte für Sie tut? Wenn ja: Wie hat sich das auf Ihren Umgang mit der Situation ausgewirkt? Wenn nicht: Hätte es etwas an der Art und Weise geändert, wie Sie durch diese Zeit hindurchgekommen sind?

7. Lucado führt ein sehr bekanntes Argument an: „Warum gab es überhaupt einen Sturm, wenn Jesus doch gebetet hat?" Was sagt er dazu? Was halten Sie von seiner Antwort?

8. Jesus sagt bei einer Gelegenheit zu seinen Jüngern: „In der Welt werdet ihr hart bedrängt, aber lasst euch nicht entmutigen: Ich habe diese Welt besiegt" (Johannes 16,33).

- Welche beiden Versprechen gibt Jesus in diesem Vers?
- Inwiefern hilft uns das zu verstehen, weshalb in unserem Leben manchmal Stürme aufziehen?
- Lesen Sie Johannes 16,32. Auf welchen heranziehenden Sturm bezieht sich Jesus hier?
- Was empfinden Sie, wenn Sie lesen, dass auch Jesus Stürme erlebte?
- Verändert sich dadurch Ihre Sicht der Stürme in Ihrem Leben? Inwiefern?

9. Lesen Sie noch einmal Matthäus 14,22.
   - Wer teilt den Jüngern mit, sie sollen ins Boot steigen und den See Genezareth überqueren?
   - Ändert das irgendwas an Ihrer Sicht der Ereignisse? Ändert das Wissen, dass die Bootsfahrt die Idee von Jesus gewesen ist, Ihr Verständnis vom Sturm und dass Jesus währenddessen plötzlich auftauchte?
   - Inwiefern könnte das Ihre Haltung zu den Stürmen in Ihrem eigenen Leben ändern? Inwiefern könnte es Ihnen Hoffnung schenken?

10. In diesem Kapitel erzählt Lucado unter anderem die Geschichte des erfolgreichen christlichen Songwriters Chris Tomlin und dass Jesus wohl für ihn betete, als er in seiner Kindheit einem „Sturm" ausgesetzt war. Hat ein „Sturm" in Ihrem Leben schon einmal etwas Gutes hervorgebracht? Glauben Sie, dass Jesus dabei eine Rolle gespielt hat? Wenn ja, inwiefern?

11. Was haben die Jünger zum ersten Mal getan, nachdem sie Jesus auf dem Wasser gehen sahen (siehe Matthäus 14,33)? Warum haben sie ihn in diesem Moment wohl angebetet?

12. Wenn wir uns an Gottes Verheißungen festhalten, können wir auch sicher sein, dass Jesus für uns eintritt. Nehmen Sie sich deshalb heute etwas Zeit, um Jesus anzubeten.

Kapitel 9: *Keine Verurteilung mehr*

1. Lucado beschreibt zwei unterschiedliche Reaktionen auf unsere „geistlichen Schulden": Entweder strampeln wir uns ab, um uns den Himmel zu verdienen, oder wir geben die Sache mit dem Glauben ganz auf, weil wir nicht glauben können, dass es einen Gott gibt, der von uns verlangt, perfekt zu sein. Der eine entscheidet sich daraufhin für Gesetzlichkeit, der andere dafür, dass Gott gar nicht existiert. Finden Sie sich in einem der beiden Extreme wieder?

2. In seinen Briefen hat der Apostel Paulus oft die Frage angesprochen, wie wir mit unserer geistlichen Schuld umgehen. Warum war er ganz besonders qualifiziert, etwas zu diesem Thema zu sagen? (siehe Apostelgeschichte 9,1–20)

3. Mit Bezug auf Psalm 14 schreibt Paulus an die Gemeinde in Rom: „Dasselbe sagt schon die Heilige Schrift: ‚Es gibt keinen, auch nicht einen Einzigen, der ohne Sünde ist. Es gibt keinen, der einsichtig ist und nach Gott fragt'" (Römer 3,10–11).
   - Wer ist die Gerechtigkeit in Person? (siehe Hebräer 4,14–15)

- Wie fühlen Sie sich, wenn Sie sich bewusst machen, dass Gott einen unerreichbaren Maßstab anlegt: ein absolut sündloses Leben?

4. Lesen Sie Römer 7,22–25. Finden Sie sich hier wieder, wenn Paulus beschreibt, dass er gleichzeitig ein Sklave von Gottes Gesetz und von seiner sündigen Natur ist?

5. Römer 8 ist ein wichtiges Kapitel im Neuen Testament, weil es erklärt, wie Jesus uns errettet. Das Kapitel fängt mit der folgenden ermutigenden Aussage an: „Wer nun mit Jesus Christus verbunden ist, wird von Gott nicht mehr verurteilt" (Vers 1).
    - Inwiefern löst diese Aussage das Dilemma, das in Römer 7,22–25 beschrieben wird?
    - Paulus macht hier eine absolute Aussage: Wer Jesus sein Leben anvertraut hat, wird *nicht* verurteilt – auch nicht „nur ein bisschen verurteilt" oder „angemessen verurteilt". Nein, wer zu Jesus Christus gehört, wird *gar nicht* verurteilt. Kann man an Ihrem Leben ablesen, dass Sie daran glauben, dass Sie freigesprochen wurden? Oder belastet Sie weiterhin der Gedanke, dass Gott Sie einmal verurteilen wird?

6. In Römer 8,2 erklärt Paulus, warum die Aussage aus Vers 1 möglich ist.
    - Was sagt Vers 2 aus?
    - Was ist das „Gesetz des Geistes Gottes"?
    - Was ist das „Gesetz der Sünde und des Todes"?

7. Lesen Sie Johannes 19,28–30. Was passierte nach Aussage dieser Verse am Kreuz? Inwiefern ist diese Tat von zentraler Bedeutung, wenn wir über die Freiheit vom Gesetz bzw. die Freiheit von der Verurteilung sprechen?

8. Lesen Sie Markus 15,37–38. Was symbolisierte das Zerreißen des Vorhangs im Tempel?

9. Jesus hatte eine wichtige Botschaft für die Menschen: „Kommt zu mir, ihr alle, die ihr euch plagt und von eurer Last fast erdrückt werdet; ich werde sie euch abnehmen. Nehmt mein Joch auf euch und lernt von mir, denn ich bin gütig und von Herzen demütig. So werdet ihr Ruhe finden für eure Seele. Denn das Joch, das ich auferlege, drückt nicht, und die Last, die ich zu tragen gebe, ist leicht" (Matthäus 11,28–30). Es gibt nicht viele Rabbiner, die ein solches Versprechen geben würden. Als Jesus lebte, gab es viele Rabbiner, die viele Schüler hatten. Von den Schülern eines Rabbiners erwartete man, dass sie alle jüdischen Gesetze kannten und studierten.[45] Das war eine schwere Aufgabe.
   - Warum sagte Jesus dann, dass seine Last leicht und sein Joch sanft sei?
   - Inwiefern kann uns der Glauben an Jesus Ruhe schenken?
   - Wie könnten Sie *jetzt* in diesem Wissen Ruhe finden?

10. Wenn wir Jesus unser Leben anvertraut haben, können wir sicher sein, dass über unserem Leben nicht länger das Damoklesschwert der Verurteilung schwebt. Glauben Sie wirklich daran? Wenn nicht: Weshalb haben Sie noch gewisse Zweifel?

Kapitel 10: Das geborgte Grab

1. Jeder Mensch hat ein anderes Verhältnis zum Tod. Manche haben ihren Frieden damit geschlossen, dass sie einmal sterben werden. Andere haben Angst davor. Und wieder andere denken einfach nicht darüber nach. Welche Haltung haben Sie zu diesem Thema? Wie wurde in Ihrer Kindheit über den Tod gesprochen? Was sagten die Menschen darüber? Wie hat man Ihnen diesen Punkt erklärt?

2. Ist schon einmal ein Ihnen nahestehender Mensch gestorben? Wie fühlte sich das an? Wie hat es sich auf Ihre Sicht vom Tod ausgewirkt?

3. Es gibt alle möglichen Überzeugungen darüber, was nach dem Tod mit uns passiert. Manche glauben an Reinkarnation; andere glauben, wir lösen uns in Nichts auf. Aber der christliche Glaube hat eine einzigartige Sicht vom Tod. Lesen Sie Lukas 23,40–43.
   - Was erfahren wir aus dieser Unterhaltung darüber, was nach dem Tod passiert?
   - Was ist das für ein Paradies, von dem Jesus hier spricht?

4. Lucado sagt, das Paradies sei nicht das Ende unserer Reise nach dem Tod. Was kommt danach? (siehe 1. Thessalonicher 4,16)

5. Jesus sprach bei einer Gelegenheit auch von unserer Auferstehung: „Ich versichere euch: Die Zeit wird kommen, ja, sie hat schon begonnen, in der die Toten die Stimme von Gottes Sohn hören werden. Und wer diesen Ruf hört, der wird leben. […] Dann werden alle Menschen ihre Gräber verlassen" (Johannes 5,25.29).
   - Welche Bilder rufen diese Verse bei Ihnen hervor?
   - Lesen Sie jetzt 1. Korinther 15,42–44.

6. Lucado ist davon überzeugt, dass unser Körper nach der Auferstehung völlig heil sein wird. Stellen Sie sich einmal vor, was das für Sie bedeuten würde. Welche körperlichen Einschränkungen oder Leiden haben Sie im Moment? Wie wäre es, davon befreit zu sein?

7. Aber nicht nur unser Körper wird wieder heil sein, auch die gesamte Erde wird erneuert werden. In Offenbarung 22,3 heißt es: „Nichts wird je wieder unter einem Fluch stehen" (NL). Lesen Sie dazu 1. Mose 3,16–19.
   - Mit welchem Fluch hat Gott die Erde und die Menschheit belegt?
   - Wie würde diese Welt wohl ohne jeden Fluch aussehen?

8. Warum fürchten wir uns immer noch vor dem Tod, obwohl die Bibel doch klare Aussagen darüber macht, was anschließend passiert und dass für die Gläubigen das Beste erst noch kommt? Warum tun wir immer noch alles, um uns nicht damit beschäftigen zu müssen?

9. Paulus schrieb an die Gemeinde in Korinth: „[…] wir richten unseren Blick auf das, was jetzt noch unsichtbar ist. Denn das Sichtbare vergeht, doch das Unsichtbare bleibt ewig" (2. Korinther 4,18).
    - Lucado geht auf die Bedeutung des griechischen Wortes ein, das im Deutschen mit *den Blick auf etwas richten* übersetzt wird. Welches Wort ist das und was bedeutet es?
    - Wie kann man seinen Blick auf etwas richten, das man nicht sehen kann?
    - Inwiefern kann Ihnen diese Sicht der Ewigkeit neuen Mut schenken, wenn Sie gerade Probleme oder Schwierigkeiten haben?

10. Ganz gleich, in welcher Phase Ihres Lebens Sie sich gerade befinden: Denken Sie einen Augenblick über die letzten Tage Ihres Lebens nach. Was hoffen Sie zu empfinden, wenn der Tod nahe ist? Was müssen Sie jetzt an Ihrer Einstellung oder Ihrer Herzenshaltung ändern, um sich auf diese Zeit vorzubereiten?

11. Die Verheißung, um die es in diesem Kapitel geht, ist: „Das Leben hat den Tod überwunden" (1. Korinther

15,54). Denken Sie einmal über den Tod und die Auferstehung von Jesus nach. Wie können diese Ereignisse Ihnen nicht nur Hoffnung für morgen – für das Leben nach dem Tod –, sondern auch für heute geben?

Kapitel 11: Bald jubeln wir wieder vor Freude

1. Gibt es im Augenblick etwas, das Ihnen alle Hoffnung raubt? Eine Sache, wegen der Sie so verzweifelt sind, dass Sie keinen Ausweg mehr sehen, und bei der Sie denken, dass sich nie etwas daran ändern wird?

2. In diesem Kapitel geht es um Maria Magdalena, eine zentrale Figur in den Evangelien. Wie hat Maria Jesus kennengelernt? (siehe Lukas 8,1–3)

3. In Johannes 19,25 wird davon berichtet, dass Maria Magdalena gemeinsam mit der Mutter und der Tante von Jesus am Kreuz stand. Was verrät uns das über Marias Beziehung zu Jesus?

4. Lesen Sie Johannes 20,1–11.
   - Wo liegt der Unterschied zwischen Marias Reaktion auf das leere Grab und der Reaktion von Simon Petrus und Johannes?
   - Was verrät uns das über Maria und ihre Gefühle?

5. Denken Sie an Ihre Antwort auf die erste Frage. Wie reagieren Sie auf Hoffnungslosigkeit? Wie gehen Sie damit um?

6. Römer 5,3–5 ist eine der beliebtesten Bibelstellen zum Thema „Hoffnung". Paulus schreibt hier: „Wir danken Gott auch für die Leiden, die wir wegen unseres Glaubens auf uns nehmen müssen. Denn Leid macht geduldig, Geduld aber vertieft und festigt unseren Glauben, und das wiederum stärkt unsere Hoffnung. Diese Hoffnung aber geht nicht ins Leere. Denn uns ist der Heilige Geist geschenkt, und durch ihn hat Gott unsere Herzen mit seiner Liebe erfüllt."
   - Was lässt, diesen Versen zufolge, Hoffnung erst wachsen?
   - Das griechische Wort für *Geduld,* das Paulus hier verwendet, ist *hypomoné*. Eine Definition von *hypomoné* beschreibt *das beständige, geduldige, standhafte Ausharren*.[46] Wie kann Leid dazu führen, dass wir geduldig und standhaft warten?
   - Inwiefern hat Maria diese Art der *hypomoné*-Standhaftigkeit an den Tag gelegt, nachdem sie das leere Grab gesehen hatte?

7. Können Sie sich noch an eine Zeit erinnern, in der Ihnen eine Situation ganz hoffnungslos vorkam?
   - Was war geschehen?
   - Können Sie rückblickend sagen, dass dieses Leid doch einen gewissen Sinn bzw. positive Auswirkungen hatte?
   - Hat es irgendeine „Frucht" hervorgebracht – Geduld, Glaube, Hoffnung –, von der Paulus schreibt (siehe Römer 5,3–5)?

8. In Psalm 30,6 heißt es: „Die Nacht ist noch voll Weinen, doch mit dem Morgen kommt die Freude" (NL). Lesen Sie den Rest der Geschichte von Maria am Grab (Johannes 20,11–18).
   - Inwiefern veranschaulicht Marias Erlebnis am Grab, dass es auch am Ende einer dunklen Nacht wieder Grund zur Freude gibt?
   - Inwiefern veranschaulicht diese Geschichte das, was wir aus Römer 5,3–5 über Hoffnung gelernt haben?

9. Maria war sich sicher, dass Jesus tot war. Schließlich hatte sie mit angesehen, wie er gestorben war. Sie war sich auch sicher, dass jemand seinen Leichnam gestohlen haben musste, denn sein Grab war ja leer. Aber ihre Verzweiflung verwandelte sich in unglaubliche Freude, als Jesus ihren Namen rief (Johannes 20,16).
   - Hilft Ihnen das bei der schwierigen Situation, die Ihnen gerade so hoffnungslos vorkommt, vielleicht weiter?
   - Könnte es sein, dass Jesus Sie mitten in alledem beim Namen ruft? Haben Sie vielleicht seine Stimme gehört oder erlebt, dass er auch in dieser schwierigen Zeit am Werk war?

10. Lucado schreibt, die beste Nachricht dieser Welt sei nicht, dass Gott die Welt erschaffen hat. Was ist seiner Meinung nach die beste Nachricht?
    - Inwiefern schenkt Ihnen der Gedanke, dass Gott Sie sieht und Sie über alles liebt, neue Hoffnung?

- Könnten Sie auch dann neue Hoffnung finden, wenn sich nichts an Ihren hoffnungslosen Umständen ändert?

11. Lesen Sie zum Abschluss Psalm 103,8–13. Formulieren Sie dann den Abschnitt in die Ich-Form um: „Barmherzig und gnädig ist der Herr, groß ist seine Geduld und grenzenlos seine Liebe! Er beschuldigt *mich* nicht endlos und bleibt nicht für immer zornig. Er bestraft *mich* nicht, wie *ich* es verdiene; *meine* Sünden und Verfehlungen zahlt er *mir* nicht heim. Denn so hoch, wie der Himmel über der Erde ist, so groß ist seine Liebe zu *mir*. So fern, wie der Osten vom Westen liegt, so weit wirft Gott *meine* Schuld von *mir* fort! Wie ein Vater seine Kinder liebt, so liebt der Herr *mich*."

Kapitel 12: Sie werden neue Kraft bekommen

1. Was geht Ihnen durch den Kopf, wenn Sie an den Heiligen Geist denken? Welche Bilder oder Gefühle weckt das in Ihnen?

2. Zum ersten Mal lesen wir in der Schöpfungsgeschichte in 1. Mose 1,2 vom Heiligen Geist: „Noch war die Erde leer und ungestaltet, von tiefen Fluten bedeckt. Finsternis herrschte, aber über dem Wasser schwebte der Geist Gottes." Was verrät uns die Tatsache, dass der Heilige Geist so früh schon erwähnt wird, über seine Bedeutung?

3. Die Dreieinigkeit besteht aus drei Teilen: dem Vater, dem Sohn und dem Heiligen Geist.
   - Wenn Sie über Ihren Glauben nachdenken, wer spielt dabei die wichtigste Rolle: der Vater, der Sohn oder der Heilige Geist? Warum?
   - Zu welcher Person der Dreieinigkeit beten Sie am häufigsten und warum?
   - Sehen Sie den Heiligen Geist als aktiven Bestandteil Ihres täglichen Lebens? Wenn ja, inwiefern? Wenn nein, warum nicht?

4. Welche vier „Aufgabenbeschreibungen" erwähnt Lucado, um die Interaktion zwischen uns und dem Heiligen Geist zu beschreiben?

5. Lesen Sie Epheser 1,13–21.
   - Was sagt dieser Abschnitt über die Kraft des Heiligen Geistes in uns?
   - In Epheser 1,19–20 heißt es, dass die gleiche Macht, die Jesus Christus von den Toten auferweckt hat, in uns lebt. Was halten Sie davon? Fällt es Ihnen leicht oder schwer, das zu glauben? Warum?

6. In seinem Brief an die Gemeinde in Galatien zählt Paulus die Frucht des Heiligen Geistes auf: „Liebe, Freude und Frieden; Geduld, Freundlichkeit und Güte; Treue, Nachsicht und Selbstbeherrschung" (Galater 5,22–23).
   - Wie lassen wir diese Frucht in uns wachsen?
   - Welche Rolle spielt der Heilige Geist, wenn wir diese Frucht in uns wachsen lassen?

7. Lucado schreibt: „Die Gläubigen werden nie dazu aufgefordert, Einheit zu *schaffen*, sondern sie sollen die Einheit, die der Heilige Geist schenkt, *bewahren*. Es ist immer möglich, harmonisch zusammenzuleben, weil der Geist Gottes immer gegenwärtig ist."
   - Was halten Sie von dieser Aussage?
   - Welche Erfahrungen haben Sie mit der Einheit unter Gläubigen gemacht?

- Wie könnte der Heilige Geist in Ihrer Gemeinde Einheit schaffen?

8. Lesen Sie Johannes 16,12–15.
   - Was sagt dieser Absatz über die Rolle des Heiligen Geistes in der Jüngerschaft aus?
   - Wie hilft uns der Heilige Geist dabei, die Wahrheit vollständig zu erfassen?
   - Wenn Sie auf Ihren Weg als Christ zurückschauen, wie hat der Heilige Geist Ihnen bisher dabei geholfen, die Wahrheit zu erfassen?

9. Der Heilige Geist schenkt uns Kraft, er schafft Einheit unter den Gläubigen, er macht uns mit der Wahrheit vertraut und er hilft uns dabei, nach Gottes Willen zu leben. In 1. Korinther 6,11 heißt es: „Der Schmutz eurer Verfehlungen ist von euch abgewaschen, ihr gehört jetzt zu Gottes heiligem Volk, ihr seid von aller Schuld freigesprochen, und zwar durch den Namen von Jesus Christus, dem Herrn, und durch den Geist unseres Gottes" (NGÜ).
   - Das griechische Wort, das an dieser Stelle mit *heilig* übersetzt wird, bedeutet im Deutschen auch so viel wie *abgesondert von weltlichen Dingen und Gott geweiht*.[47] Welchen Bereich Ihres Lebens hat der Heilige Geist „geheiligt"?
   - In 2. Korinther 3,18 heißt es: „Wir alle aber stehen mit unverhülltem Gesicht vor Gott und spiegeln seine Herrlichkeit wider. Der Herr verändert uns

durch seinen Geist, damit wir ihm immer ähnlicher werden und immer mehr Anteil an seiner Herrlichkeit bekommen." Unsere Errettung ist ein einmaliges Ereignis, aber die sogenannte Heiligung ist ein andauernder Prozess. Welcher Bereich Ihres Lebens wurde noch nicht geheiligt?
- Manchmal versuchen wir, uns gewissermaßen selbst zu heilen. Oder wie Paulus schreibt: „Wollt ihr jetzt etwa aus eigener Kraft zu Ende führen, was Gottes Geist in euch begonnen hat?" (Galater 3,3). Gibt es Bereiche in Ihrem Leben, die Sie aus eigener Kraft in Ordnung zu bringen versuchen? Wie können Sie den Heiligen Geist wieder in diesen Prozess einbeziehen?

10 Können Sie sehen, dass die Frucht des Geistes in Ihnen „wächst"? Sind Sie voller Liebe, Freude, Frieden, Geduld, Freundlichkeit, Güte, Treue, Nachsicht und Selbstbeherrschung? Oder fehlt etwas davon? Nehmen Sie sich etwas Zeit, um sich selbst einzuschätzen.
- Wo lassen Sie den Heiligen Geist wirken?
- Wo lassen Sie ihn nicht wirken?

Kapitel 13: Die Gerechtigkeit wird siegen

1. Haben Sie schon einmal etwas erlebt, das Sie unfair fanden? Wie haben Sie sich dabei gefühlt? Wie hat sich dieses Ereignis auf Ihr Gottesbild ausgewirkt?

2. Was wussten Sie über das Jüngste Gericht, bevor Sie dieses Kapitel gelesen haben?
   - Falls Sie in einer Gemeinde groß geworden sind: Wurde in Ihrer Gemeinde oft über das Gericht gesprochen? Falls ja: Wie war das für Sie?
   - Falls Sie in Ihrer Kindheit nie etwas über das Gericht gehört haben: Wie geht es Ihnen mit dem, was Sie in diesem Kapitel erfahren haben?

3. Lesen Sie in den folgenden Abschnitten nach, was die Bibel über das Gericht Gottes sagt: Matthäus 12,36; Apostelgeschichte 17,30–31; Römer 14,10; 2. Korinther 5,10 und Offenbarung 20,11–12.
   - Wann wird das Jüngste Gericht sein?
   - Wer wird gerichtet?
   - Wie werden diese Personen gerichtet?

4. Dieser Gedanke an Gerechtigkeit und Gericht ist ein zweischneidiges Schwert. Einerseits schenkt es Hoff-

nung, wenn wir uns bewusst machen, dass Gott diejenigen richten wird, die uns schlecht behandelt haben. Andererseits ist es aber auch beunruhigend, sich bewusst zu machen, dass wir ebenfalls gerichtet werden. Wie gehen Sie mit dieser Spannung um?

5. Welche Rolle wird Jesus Christus spielen, wenn wir gerichtet werden? (Siehe Römer 2,16.)

6. Dass uns unsere Schuld völlig vergeben wurde, wird nie so deutlich werden wie beim letzten Gericht, wenn wir mit Jesus an unserer Seite gerichtet werden. Können Sie glauben, dass Gott Ihnen wirklich völlig vergeben hat?
   - Wenn nicht, an welcher Sünde oder welcher Last halten Sie immer noch fest?
   - Gibt es Lebensbereiche, in denen Gott Ihnen noch nicht vergeben hat?

7. Lucado betont, dass wir beim Jüngsten Gericht nicht nur wegen unserer schlechten Taten gerichtet, sondern auch für unsere guten Taten gelobt werden. In Hebräer 6,10 heißt es: „Denn Gott ist nicht ungerecht. Er vergisst nicht, was ihr getan habt und wie ihr aus Liebe zu ihm anderen Christen geholfen habt und immer noch helft."
   - Haben Sie schon einmal etwas Gutes getan, von dem niemand etwas mitbekommen hat? Haben Sie Anerkennung erwartet, aber keine erhalten? Wie war das? Waren Sie enttäuscht, weil Ihr Einsatz nicht anerkannt wurde?

- Inwiefern ermutigt Sie das Wissen, dass Gott alles sieht, Gutes zu tun, auch wenn Sie nie Anerkennung dafür ernten?

8. Das Gleichnis von den anvertrauten Talenten erzählt von drei Knechten, denen ihr Herr Geld anvertraut hat. Lesen Sie das Gleichnis in Matthäus 25,14–30.
   - Wofür stehen die Talente in diesem Gleichnis?
   - Wofür steht das Handeln der beiden Knechte, die das ihnen anvertraute Geld vermehrt haben?
   - Wofür steht das Handeln des letzten Knechts, der das anvertraute Geld vergraben hat?
   - Was meinte Jesus wohl, als er sagte: „Denn wer viel hat, der bekommt noch mehr dazu, ja, er wird mehr als genug haben! Wer aber nichts hat, dem wird selbst noch das Wenige, das er hat, genommen" (Vers 29)?

9. Der Herr sagte zu den ersten beiden Knechten: „Gut gemacht, du bist ein tüchtiger und zuverlässiger Verwalter. In kleinen Dingen bist du treu gewesen, darum werde ich dir Großes anvertrauen. Komm zu meinem Fest und freu dich mit mir!" (Vers 23). Wir alle sehnen uns danach, diese Worte beim Jüngsten Gericht zu hören.
   - Wofür hoffen Sie, von Jesus gelobt zu werden? Worin hoffen Sie, treu gewesen zu sein?
   - Welche Gaben glauben Sie von Gott bekommen zu haben, die Sie für sein Reich einsetzen können?

Wie können Sie mit dem, was Sie bekommen haben, noch mehr erreichen?

10. Menschen, die mit Jesus unterwegs sind, haben keinen Grund, sich vor dem Gericht zu fürchten. Sie können sich darauf verlassen, dass Gott in allen Dingen Gerechtigkeit walten lassen wird.
    - Fürchten Sie sich vor Gottes Gericht? Nehmen Sie sich Zeit, um mit ihm über Ihre Ängste zu sprechen.
    - Gibt es eine Situation oder eine Person in Ihrem Leben, von der Sie glauben, dass sie Gottes Gerechtigkeit oder sein Gericht braucht? Sprechen Sie mit Jesus über diese Person oder Situation. Bitten Sie ihn, Ihnen zu helfen, die Sache Gottes souveränem Urteil zu überlassen, damit Sie diese Last nicht länger mit sich herumtragen müssen.

Kapitel 14: *Unverwüstliche Verheißungen, unerschütterliche Hoffnung*

1. Dieses Kapitel handelt vom „Anker der Hoffnung". Inwiefern ist Hoffnung ein Anker für die Seele?

2. In Hebräer 6,19–20 heißt es: „Diese Zuversicht ist wie ein starker und vertrauenswürdiger Anker für unsere Seele. Sie reicht hinter den Vorhang des Himmels bis in das Innerste des Heiligtums Gottes. Dorthin ist Jesus uns bereits vorausgegangen" (NL). Bevor Jesus am Kreuz starb, durfte nur der Hohepriester diesen Teil des Tempels betreten, und das auch nur ein Mal im Jahr, um Gott stellvertretend für das Volk Opfer darzubringen.
   - Was bedeutet es, dass Jesus für uns ins Allerheiligste gegangen ist?
   - Was hat das mit Hoffnung zu tun? Worauf basiert unsere Hoffnung letztlich?

3. Gehen Sie noch einmal die Verheißungen aus diesem Buch durch:
   1. *Gott hat Ihnen das Größte und Wertvollste überhaupt gegeben: seine Verheißungen.*
   2. *Sie wurden als Gottes Ebenbild erschaffen.*
   3. *Die Tage des Teufels sind gezählt.*

4. *Sie sind ein Erbe Gottes.*
5. *Ihre Gebete haben Kraft.*
6. *Die Demütigen finden bei Gott Gnade.*
7. *Gott versteht Sie.*
8. *Jesus Christus betet für Sie.*
9. *Wer zu Jesus Christus gehört, wird von Gott nicht länger verurteilt.*
10. *Das Grab ist nur vorübergehend das Ende Ihrer Geschichte.*
11. *Bald haben Sie wieder Grund zur Freude.*
12. *Der Heilige Geist wird Ihnen neue Kraft schenken.*
13. *Die Gerechtigkeit wird siegen.*

- Wie macht Jesus jede dieser Verheißungen möglich? Oder wie erfüllt er jede Verheißung?
- Welche Hoffnung haben wir außer Jesus Christus?

4. Füllen Sie die Lücken aus: „Da niemand Ihnen _____ nehmen kann, kann Ihnen auch niemand Ihre _____ nehmen."

5. Lucado erzählt die tragische Geschichte von Jonathan McComb, der bei einer Überschwemmungskatastrophe seine Frau und seine beiden Kinder verlor. Wie geht es Ihnen mit dem, was Jonathan beim Begräbnis seiner Familie gesagt hat?

6. Haben Sie schon einmal in einer Tragödie Hoffnung verspürt, obwohl die Situation hoffnungslos schien?

7. Überlegen Sie, woran Sie Ihre Hoffnung im Augenblick festmachen.
   - Wenn Sie ganz ehrlich sind: Machen Sie sie an den Verheißungen Gottes durch Jesus fest oder an etwas anderem?
   - Sie können das herausfinden, indem Sie sich fragen: „Ohne wen oder was kann ich auf keinen Fall leben?" Was oder wer immer das ist, ist der Anker Ihrer Hoffnung.
   - Was hält uns davon ab, unsere Hoffnung an Gottes Verheißungen festzumachen?

8. Jesaja 40,31 bietet uns eine wunderbare Verheißung: „Aber alle, die ihre Hoffnung auf den Herrn setzen, bekommen neue Kraft. Sie sind wie Adler, denen mächtige Schwingen wachsen. Sie gehen und werden nicht müde, sie laufen und sind nicht erschöpft." In der Übersetzung *Neues Leben* heißt es: „die auf den Herrn warten". Das hebräische Wort, das an dieser Stelle mit *Hoffnung setzen auf* übersetzt wird, ist *qavah*. Es bedeutet sowohl *warten* als auch *hoffen*.[48] Wie können wir voller Hoffnung darauf warten, dass Gott handelt?

9. Lesen Sie noch einmal die Liste der Verheißungen in Frage 3 durch.
   - Welche dieser Verheißungen brauchen Sie im Moment am meisten? Warum?
   - Wie können Sie sich heute an dieser Verheißung festhalten?

10. In diesem Buch sind nicht einmal ansatzweise alle Verheißungen aufgeführt, die Gott uns gegeben hat, denn die Bibel ist voll mit Gottes Zusagen. Erstellen Sie deshalb beim Bibellesen für sich eine Liste mit anderen Verheißungen, die Ihnen besonders wichtig sind.

11. Sie sind ein „Erbe der Verheißung" (Hebräer 6,17; LÜ). Was bedeutet das für Sie, nachdem Sie dieses Buch gelesen haben?
    - Wie kann es Ihren Umgang mit Gott, mit anderen und mit sich selbst verändern, wenn Sie daran glauben, dass Sie ein Erbe der Verheißung sind?
    - Inwiefern kann Ihnen die Tatsache, dass Sie ein Erbe der Verheißung sind, unerschütterliche Hoffnung geben?

12. Treffen Sie eine bewusste Entscheidung: *Ich baue mein Leben auf Gottes Zusagen auf. Da seine Verheißungen unverwüstlich sind, wird auch meine Hoffnung unerschütterlich sein. Der Sturm wird trotzdem toben. Die Regengüsse werden trotzdem auf mich herniederprasseln. Aber am Ende werde ich einen festen Halt haben – Gottes Verheißungen.*

Danksagung

Vierzig.

Noah trieb während der Sintflut 40 Tage auf dem Wasser.
Mose lebte vor seiner Berufung 40 Jahre in der Wüste.
Das Volk Israel wanderte 40 Jahre durch die Wüste.
Jesus wurde 40 Tage lang auf die Probe gestellt.
Die Zahl 40 hat eine besondere Bedeutung.

Erlauben Sie mir also zu erwähnen, dass das hier mein 40. Buch ist. Und dafür bin ich unglaublich dankbar. Allein die Vorstellung, dass Gott einen Trinker, der ganz egoistisch nur für sich selbst lebte, auch nur eine einzige Seite schreiben lassen würde, geschweige denn 40 Bücher, ist ein weiterer Beweis für seine Güte und Gnade.

Danke, Vater.

Und danke auch diesem unschätzbaren Team von Kollegen und Freunden:

- Karen Hill und Liz Heaney, meine Lektorinnen, denen nur das Beste gut genug ist.
- Carol Bartley, meine unvergleichliche Redakteurin.
- Steve und Cheryl Green. Es gibt bestimmt eine Sprache, in der eure Namen übersetzt „treu und wahrhaftig" bedeuten, denn genau das seid ihr, und dafür danke ich euch.

- Die Superhelden von *HarperCollins Christian Publishing*: Mark Schoenwald, David Moberg, Brian Hampton, Mark Glesne, Jessalyn Foggy, LeeEric Fesko, Janene MacIvor, Debbie Nichols und Laura Minchew.
- Greg und Susan Ligon, die Leiter des Marketingteams. Niemand ist so effektiv wie ihr. Und niemand ist dafür so dankbar wie ich.
- Die beiden Assistentinnen Janie Padilla und Margaret Mechinus. Ich danke euch für all eure Mühe!
- Die Mitarbeiter der *Oak Hills*-Gemeinde. Wir haben gemeinsam mit euch gelernt, auf Gottes Zusagen zu bauen.
- Unsere wunderbare Familie: Brett, Jenna, Rosie und Max, Andrea, Jeff und Sara. Ich bin ein ganz stolzer Vater und Großvater!
- Und Denalyn, meine liebe Frau. Wenn ich schreiben könnte wie ein Dichter und dir die Sterne vom Himmel holen könnte, so wäre das nicht genug, um dir meine Liebe zu zeigen.

Quellenverzeichnis

Kapitel 1: Das Größte und Wertvollste überhaupt: Gottes Verheißungen

1 „Religion: Promises". In: *Time*, 24. Dezember 1956, http://content.time.com/time/magazine/article/0,9171,808851,00.html.
2 Curtin, Sally C., Margaret Warner u. Holly Hedegaard: „Increase in Suicide in the Unites States, 1999–2014". In: NCHS-Data-Brief, Nr. 241, *National Center for Health Statistics*, Hyattsville 2016. https://www.cdc.gov/nchs/data/databriefs/db241.pdf.
In Deutschland ist eine andere Entwicklung festzustellen. Hier ist die Selbstmordrate seit Anfang der Achtzigerjahre auf knapp die Hälfte gesunken: de.statista.com/statistik/daten/studie/583/umfrage/sterbefaelle-durch-vorsaetzliche-selbstbeschaedigung.
3 Moody, Dwight L.: *How to Study the Bible*. Überarb. Aufl., Aneko Press, Abbotsford 2017, S. 114–115.

Kapitel 2: Erschaffen als Gottes Ebenbild

4 Alamo ist eine zum Fort ausgebaute ehemalige Missionsstation in der texanischen Stadt San Antonio. Bekannt wurde diese durch die Schlacht von Alamo während des texanischen Unabhängigkeitskrieges von 1835/1836, als die Verteidiger des

Forts nach verzweifeltem Kampf schließlich von einer mexikanischen Übermacht besiegt wurden. Diese Niederlage mobilisierte die Texaner.

Kapitel 3: Die Tage des Teufels sind gezählt

5   Burgess, Jim: „Spectators Witness History at Manassas". In: *Hallowed Ground Magazine*, Frühjahr 2011. https://www.civilwar.org/learn/articles/spectators-witness-history-manassas.
6   Ebd.
7   Ebd.
8   Ebd.
9   Cameli, Louis J.: *The Devil You Don't Know: Recognizing and Resisting Evil in Everyday Life*. Ave Maria Press, Notre Dame (IN) 2011, S. 79.
10 „Most American Christians Do Not Believe That Satan or the Holy Spirit Exist". Barna, 13. April 2009. https://www.barna.com/research/most-american-christians-do-not-believe-that-satan-or-the-holy-spirit-exist/.
11 Oder auch: „… und demselben Gericht verfällt wie der Teufel."
12 Conlon, Carter und Leslie Quon: *Fear Not: Living Courageously in Uncertain Times*. Regal Books, Ventura 2012, S. 52–53.

Kapitel 4: Ein Erbe Gottes

13 MacIntosh, Jeane: „Homeless Heir to Huguette Clark's $19 M Fortune Found Dead in Wyoming". In: *New York Post*, 31. Dezember

2012. http://nypost.com/2012/12/31/homeless-heir-to-huguette-clarks-19m-fortune-found-dead-in-wyoming.
14 Nach Josua 1,6.
15 Burden, Suzanne: „Meet the Dutch Christians Who Saved Their Jewish Neighbors from the Nazis". In: *Christianity Today*, 23. November 2015. http://www.christianitytoday.com/ct/2015/december/meet-dutch-christians-saved-their-jewish-neighbors-nazis.html.

Kapitel 5: Ihre Gebete haben Kraft

16 Henning, Kurt, Hrsg.: *Jerusalemer Bibellexikon*. Hänssler-Verlag, Neuhausen 1990, S. 203.
17 Ripken, Nik und Gregg Lewis: *The Insanity of God: A True Story of Faith Resurrected*. B&H Publishing, Nashville 2013, S. 147–158.

Kapitel 5: Gnade für die Demütigen

18 Kirtzman, Andrew: *Betrayal: The Life and Lies of Bernie Madoff*. Harper, New York 2010, S. 323.
19 Ebd., S. 9.
20 Herodot: „Die hängenden Gärten von Babylon". 450 v. Chr. http://www.plinia.net/wonders/gardens/hg4herodotus.html. Lee Krystek: „The Hanging Gardens of Babylon". Website *The Museum of Unnatural Mystery*, 1998. http://www.unmuseum.org/hangg.htm.
21 Mayberry, Mark: „The City of Babylon". In: *Truth Magazine*, 17. Februar 2000. http://truthmagazine.com/archives/volume44/V44021708.htm.

Kapitel 7: Gott versteht Sie

22 Lake, Thomas: „The Way It Should Be: The Story of an Athlete's Singular Gesture Continues to Inspire. Careful, Though, It Will Make You Cry". In: *Sports Illustrated*. 29. Juni 2009. www.si.com/vault/2009/06/29/105832485/the-way-it-should-be.

23 Ebd.

Kapitel 7: Jesus betet für Sie

24 Vine, W. E.: *Vine's Complete Expository Dictionary of Old and New Testament Words*. Thomas Nelson, Nashville 1984, S. 330.

25 „Chris Tomlin Most Sung Songwriter in the World". In: *The Christian Messenger News Desk*, 3. Juli 2013. www.christianmessenger.in/chris-tomlin-most-sung-songwriter-in-the-world.

26 Schifrin, Nick: „President Obama Writes Fifth Grader's Excuse Note". In: *ABC News*, 3. Juni 2012.

27 Maples, Nika: *Twelve Clean Pages: A Memoir*. Bel Esprit Books, Fort Worth 2011, S. 129–130.

Kapitel 9: Keine Verurteilung mehr

28 Stephey, M. J.: „A Brief History of the Times Square Debt Clock". In: *Time*, 14. Oktober 2008. http://content.time.com/time/business/article/0,8599,1850269,00.htm.

29 Blackaby, Henry u. Richard: *Being Still with God: A 366 Daily Devotional*. Thomas Nelson, Nashville 2007, S. 309.

30 Barth, Karl: *Die kirchliche Dogmatik. Bd. 4, Teil 1, Die Lehre von der Versöhnung*. Nach der Übersetzung von G. W. Bromiley, Bromiley & Torrance Hrgs., T&T Clark, London 2004, S. 82.

Kapitel 11: Bald jubeln wir wieder vor Freude

31 Dodd, John: „Amanda Todd: Bullied Teen Made Distrubing Video Before Her Suicide". In: People, 17. Oktober 2012. http://people.com/crime/amanda-todd-bullied-teen-made-disturbing-video-before-her-suicide/, und der Eintrag „Amanda Todd" auf Wikipedia, https://de.wikipedia.org/wiki/Amanda_Todd.

32 Manning, Brennan: *Lion and Lamb: The Relentless Tenderness of Jesus*. Chosen Books, Grand Rapids 1986, S. 21–22.

33 Name geändert.

34 Carnegie, Dale: *How to Stop Worrying and Start Living*. Pocket Books, New York 1984, überarb. Aufl., S. 196–198.

Kapitel 13: Die Gerechtigkeit wird siegen

35 Sanchez, Ray: „Sandy Hook 4 Years Later: Remembering the Victims". Auf: CNN, 14. Dezember 2016. https://www.cnn.com/2016/12/14/us/sandy-hook-anniversary-trnd.

36 Blanchard, John: *Whatever Happened to Hell?* Crossway Books, Wheaton 1995, S. 105.

37 Psalm 62,12; Römer 2,6; Offenbarung 2,23; 18,6; 22,12.

38 Guinness, Os: *Unspeakable: Facing Up to the Challenge of Evil*. Harper San Francisco, San Francisco 2005, S. 136–137.

Kapitel 14: Unverwüstliche Verheißungen, unerschütterliche Hoffnung

39 Patterson, Ben: *The Grand Essentials*. Word Books, Waco 1987, S. 35.
40 Schultz, Lynda: „The Story Behind the Song". In: *Thrive*. www.thrive-magazine.ca/blog/40.
41 Deutscher Text von H. von Berge aus *Neue Zionslieder*, 1919, Nr. 59.

Zum Nachdenken

42 *Bible Study Tools*, siehe *timios*, https://www.biblestudytools.com/lexicons/greek/nas/timios.html.
43 Keener, Craig S.: *The IVP Bible Background Commentary: New Testament*. InterVarsity, Downers Grove 1993, S. 430.
44 Ebd., S. 264.
45 Ebd., S. 77.
46 *Bible Study Tools*, siehe *hypomoné*, https://www.biblestudytools.com/lexicons/greek/nas/hupomone.html.
47 *Bible Study Tools*, siehe *hagiazo*, https://www.biblestudytools.com/lexicons/greek/nas/hagiazo.html.
48 *Bible Study Tools*, siehe *qavah*, https://www.biblestudytools.com/lexicons/greek/nas/qavah.html.

Der Verlag weist ausdrücklich darauf hin, dass im Text enthaltene externe Links nur bis zum Zeitpunkt der Buchveröffentlichung eingesehen werden konnten. Auf spätere Veränderungen hat der Verlag keinerlei Einfluss. Eine Haftung des Verlags für externe Links ist stets ausgeschlossen.

Originally published in the U.S.A. under the title: *Unshakable Hope*
Copyright © 2018 by Max Lucado
Published by arrangement with Thomas Nelson, a division of HarperCollins Christian Publishing, Inc.
© der deutschen Ausgabe 2020 Gerth Medien,
in der SCM Verlagsgruppe GmbH
Dillerberg 1, 35614 Asslar
Wenn nicht anders angegeben, wurden die Bibelzitate der
Hoffnung für alle® Bibel entnommen.
Copyright © 1983, 1996, 2002, 2015 by Biblica Inc.®.
Verwendet mit freundlicher Genehmigung von Fontis – Brunnen Basel.
Alle weiteren Rechte weltweit vorbehalten.
Weitere verwendete Übersetzungen:
Gute Nachricht Bibel, revidierte Fassung, durchgesehene Ausgabe,
© 2000 Deutsche Bibelgesellschaft, Stuttgart (GN)
Lutherbibel, revidiert 2017, © 2016 Deutsche Bibelgesellschaft,
Stuttgart (LÜ)
Neues Leben. Die Bibel, © 2002 und 2006 SCM R.Brockhaus
im SCM-Verlag GmbH & Co. KG, Witten (NL)

2. Auflage 2021
Bestell-Nr 817627
ISBN 978-3-95734-627-8

Umschlaggestaltung: Joana Kielhorn
Umschlagfoto: Marco Piunti, GettyImages
Satz: Apel Verlagsservice, Bad Fallingbostel
Druck und Verarbeitung: GGP Media GmbH, Pößneck
Printed in Germany

www.gerth.de